DE PORTA EM PORTA

Luciano Huck

De porta em porta

6ª reimpressão

Copyright © 2021 by Luciano Huck

Grafia atualizada segundo o Acordo Ortográfico da Língua Portuguesa de 1990,
que entrou em vigor no Brasil em 2009.

Capa
Alceu Chiesorin Nunes

Foto de capa
Pino Gomes

Foto de quarta capa
Acervo pessoal

Cadernos de fotos
Joana Figueiredo

Imagens dos cadernos de fotos
Acervo pessoal de Luciano Huck, exceto: p. 13 do primeiro caderno (abaixo): Foto de
Angélica por Brunno Rangel; p. 15 do primeiro caderno (acima à esquerda): Foto de Luciano
e Eva por Maurício Nahas; p. 12 do segundo caderno (acima): Foto de Luciano em Davos
por Sandra Blaser/ World Economic Forum

Mapa
Sonia Vaz

Preparação
Diogo Henriques

Checagem
Érico Melo

Revisão
Erika Nogueira Vieira
Tatiana Custódio

Dados Internacionais de Catalogação na Publicação (CIP)
(Câmara Brasileira do Livro, SP, Brasil)

Huck, Luciano
    De porta em porta / Luciano Huck. — 1ª ed. — Rio
de Janeiro : Objetiva, 2021.

    ISBN 978-85-470-0132-2

    1. Apresentadores (Teatro, televisão etc.) – Brasil
– Autobiografia 2. Huck, Luciano, 1971- I. Título.

21-68749   CDD-927.9145

Índice para catálogo sistemático:
1. Apresentadores de programas : Televisão :
    Biografia   927.9145

Cibele Maria Dias – Bibliotecária – CRB-8/9427

[2021]
Todos os direitos desta edição reservados à
EDITORA SCHWARCZ S.A.
Praça Floriano, 19, sala 3001 — Cinelândia
20031-050 — Rio de Janeiro — RJ
Telefone: (21) 3993-7510
www.companhiadasletras.com.br
www.blogdacompanhia.com.br
facebook.com/editoraobjetiva
instagram.com/editora_objetiva
twitter.com/edobjetiva

*Dedico este livro
à minha mulher, Angélica,
aos nossos filhos, Eva, Benício e Joaquim,
e a Marta & Andrea e Marcelo & Sheila,
meus pais e seus amados companheiros.*

Um velho diz ao neto: há uma batalha sendo travada dentro de mim, uma luta terrível entre dois lobos. Um é maligno — raivoso, ganancioso, ciumento, arrogante e covarde. O outro é bondoso — pacífico, amoroso, modesto, generoso, honesto e confiável. Esses dois lobos também estão lutando dentro de você, e dentro de todas as outras pessoas. Depois de um momento, o garoto pergunta: "Qual dos dois lobos vai vencer?" O velho sorri. "O lobo que você alimentar."

Fábula atribuída ao povo indígena cherokee

Sumário

Prólogo 11

1. Da porta para dentro: Sobreviventes 19
2. Da porta para fora: Pelas vielas 27
3. Da porta para dentro: De onde eu vim 47
4. Da porta para fora: O poder da educação 69
5. Da porta para dentro: Andar com fé 91
6. Da porta para fora: Conectados 111
7. Da porta para dentro: Meu irmão, nossa mãe e eu 131
8. Da porta para fora: Potência verde 145
9. Da porta para fora: Capitalismo 4.0 163
10. Da porta para dentro: Antirracismo 185
11. Da porta para fora: Ética 199
Uma dedicatória da porta para dentro: O amor 215

Agradecimentos 227

Prólogo

Na virada do século, bem no ano 2000, a ponte aérea transformou a minha vida. Por motivos profissionais, deixei São Paulo, onde nasci e cresci, para morar no Rio de Janeiro. Aos 28 anos, eu acabava de assumir o compromisso profissional mais importante da minha vida: estar à frente de um programa de televisão na maior emissora do país.

Quem desembarcava na Cidade Maravilhosa era um jovem curioso, um filho de pais separados com acesso a boas escolas, que começara a empreender cedo, mas que tivera uma visão muito limitada do mundo que havia além de sua pequena bolha social; alguém criado no circuito dos Jardins — conjunto de bairros nobres da zona central de São Paulo, e um dos locais mais descolados da realidade brasileira, um recorte urbano que, sob certos indicadores, teria mais a ver com Zurique ou Estocolmo do que com o próprio Brasil.

O privilégio de ter nascido e crescido nesse ambiente não ficou claro para mim na infância nem na juventude, admito.

E talvez continuasse a ser camuflado pela pesada cortina que divide as classes sociais no Brasil, caso eu não houvesse escolhido atravessar as pontes que separavam a minha vida da vida nas periferias — primeiro de São Paulo, e depois do país. Para minha felicidade, tive mais essa oportunidade: a de ter uma trajetória profissional que me permitiu cruzar fronteiras e ser recebido de braços abertos por pessoas que me acolheram em suas casas, que me mostraram seus projetos de vida, seus sonhos e suas famílias — que tiveram a paciência e a generosidade de me mostrar um Brasil mais real. Elas foram meus verdadeiros professores.

Estreei na Rede Globo no dia 8 de abril de 2000, após uma jornada de três anos na TV Bandeirantes, onde criei o programa *H*, focado no público jovem, que conseguiu respeito e projeção num espaço de tempo relativamente curto. Na Globo, fui convocado a desenvolver um novo produto televisivo para as tardes de sábado — horário muito popular, ocupado, até 1988, pelo grande Chacrinha, o mestre dos programas de auditório. Tudo que tinha sido testado até ali — séries, filmes, humorísticos — havia em alguma medida naufragado. Por um bom tempo, o vácuo deixado por Chacrinha foi ocupado pelo apresentador Raul Gil, na época na TV Record, emissora concorrente.

O começo na Globo foi difícil. A então diretora geral, Marluce Dias, num esforço para que o canal voltasse a investir no formato dos programas de auditório, havia contratado Ana Maria Braga, Jô Soares, Serginho Groisman e Cazé Peçanha. O apresentador Fausto Silva era, àquela época, o expoente único no formato. Cada um de nós trabalhou duro, passou por angústias, experimentações e derrotas até encontrar a sua própria maneira de estabelecer a conexão com o público. O meu caminho surgiu mais ou menos depois de dois anos, quando entendi que o que me conectava de fato às pessoas era a minha curiosidade genuína de ouvir com atenção o outro, independentemente de quem fosse ou de onde viesse. Nesse momento, ficou claro qual seria a identidade do programa, a minha como condutor e a da minha equipe na preparação e edição. Essa seria a nossa marca.

Em vinte anos rodando o país de ponta a ponta, passei por todos os estados, todas as capitais, todos os biomas, tracei uma diagonal que ia dos povos indígenas isolados no coração da Floresta Amazônica às periferias do Sul do Brasil. Fui recebido na casa de gente simples, ganhei um sorriso tímido aqui, afagos ali, abraços apertados acolá, tudo para compartilhar com a sociedade brasileira aquilo que cada um tem de mais precioso: sua própria história. Sei que a "mágica" da televisão me ajuda a ser tratado com essa intimidade, como alguém a quem a pessoa confia sentimentos, sonhos, conquistas e angústias — e me sinto privilegiado. Gosto de tentar entender a vida das pessoas, de tentar ver o mundo pelos olhos de quem relata sua própria experiência. Gosto, acima de tudo, de ouvir e contar as histórias delas.

Algumas transformações que realizei, por meio do programa, são bastante visíveis: um carro novinho em folha depois da restauração, uma casa linda e reluzente depois da reforma, um empurrão nos negócios de um pequeno empreendedor talentoso. Mas, ainda que aparentemente intangível, a transformação mais forte talvez tenha sido aquela ocorrida na minha vida e nos meus valores. As pessoas que encontrei me mostraram — por vezes através de uma fala enfática, por vezes através de um sorriso sincero, ou mesmo de um choro — a magnitude das nossas desigualdades. Não estou falando só da distância entre o mais rico e o mais pobre, mas também das desigualdades de acesso, de oportunidades, da quase inexistente mobilidade social — em última instância, do direito que cada um tem de sonhar e de ter esperança.

A minha geração — a da década de 1970 — vem testemunhando uma enorme transformação. Vivemos o encontro de dois milênios. Conhecemos o mundo antes e depois da internet, do iPhone, da Uber, das redes sociais, e, pelo que se vê, em breve, vamos descobrir a realidade dos carros autônomos, da inteligência artificial e do uso maciço da energia solar — o que pode dar fim a uma era marcada por grandes conflitos políticos decorrentes das disputas pelo petróleo.

É inegável que a vida no planeta, sob certos indicadores, melhorou nos últimos dois séculos. A maior parte da história da humanidade é uma história de populações pobres, de pessoas vivendo na miséria, famintas e doentes. Hoje, bilhões de pessoas atingiram padrões satisfatórios de nutrição e passaram a viver em razoável segurança, com boas condições sanitárias. Em 1820, 84% da população mundial vivia na extrema pobreza, segundo o historiador holandês Rutger Bregman. No século XXI, o percentual caiu para 10%. É um avanço, obviamente, mas um avanço insuficiente. Em algumas partes do planeta, ainda vivemos desigualdades abissais. Infelizmente, o Brasil, onde 100 milhões de pessoas ainda não têm esgotamento sanitário, é uma delas. E a pandemia de covid-19 mostrou que as conquistas sociais do nosso jovem ciclo democrático são frágeis: em poucos meses, o fantasma da fome voltou a assombrar milhões de pessoas.

Insisto neste ponto: tenho clareza dos meus privilégios. Sou homem, branco, heterossexual e nasci numa família de classe média alta paulistana, num país em que ser mulher, negro, gay ou pobre impõe obstáculos violentos e muitas vezes intransponíveis. Escrevo isso porque entendi, há algum tempo, que para buscar soluções precisamos antes reconhecer nossas regalias. Só assim temos legitimidade para debater os caminhos para buscar um país mais eficiente, menos desigual, que pense em políticas públicas responsáveis, concebidas para funcionar a longo prazo. Só assim romperemos esse ciclo de pobreza hereditária.

Mas esse "Brasil do futuro" (quem aguenta ainda esperar por esse futuro?, diga-se de passagem) não irá se materializar por geração espontânea. É imperativo que haja um diálogo amplo, um pacto entre todas as classes — incluindo aquele 1% da população representado pela elite, que precisa se comprometer com a diminuição da desigualdade. Ou colocamos a mão na massa, ou vamos colapsar. Não existe investimento a fundo perdido quando o produto final é um país mais justo — e digo isso do ponto de vista não apenas social, mas também econômico. O topo da pirâmide precisa entender que a redução da desigualdade é algo bom, também, para o bolso.

As pessoas me transformaram ao compartilhar suas histórias comigo. Tenho tentado retribuir reconhecendo suas vozes e amplificando suas falas. Quero, sobretudo, que todos tenham a oportunidade de ver seus sonhos deixarem de ser sonhos, materializando-se numa realidade mais digna e igualitária.

No início de 2020, um terrível vírus abalou o mundo e tornou ainda mais dura a vida de milhões de brasileiros — sobretudo os mais vulneráveis. Isolado em casa durante uma pandemia cruel, que vai ceifando vidas descontroladamente em função de uma gestão precária e irresponsável por parte do governo federal, passei a me perguntar de que forma eu poderia ajudar. Como dizem no futebol, quem pede a bola até pode receber, mas quem se movimenta tem preferência. Usei a força das minhas plataformas pessoais para divulgar mensagens responsáveis sobre a gravidade da doença, difundir os saberes da ciência e os cuidados necessários para brecar a contaminação. Criei pontes entre iniciativas de prevenção, em comunidades vulneráveis, com empresários e grupos que pudessem financiá-las. E tentei, por fim, trazer alguma luz para o debate público a respeito do mundo que passou a existir com a pandemia.

Procurei grandes estudiosos como o historiador israelense Yuval Noah Harari, a economista franco-americana Esther Duflo, o filósofo americano Michael Sandel, o médico greco--americano Peter Diamandis e o economista francês Thomas Piketty, além de tantos outros intérpretes de um mundo cada vez mais complexo. As conversas, que ajudaram a compor este livro, foram publicadas originalmente no jornal *O Estado de S. Paulo.* De certa forma, elas serviram como uma tentativa minha de entender um mundo em processo de drástica mudança, mas também, e sobretudo, como uma maneira de contribuir com a esfera pública, ajudando a pensar em soluções que nos façam chegar a uma sociedade mais igualitária.

Este livro é no fundo um agradecimento a tudo o que aprendi com os professores que tive na vida, e também uma forma de transmitir aos leitores um pouco desses ensinamentos — que podem ter vindo de gente como o enfermeiro Douglas Oliveira, que toca um projeto social em São Gonçalo, ou o empresário indiano Nandan Nilekani, que abriu mão de uma carreira extremamente rentável para trabalhar por cinco anos no governo da Índia, criando um sistema de identificação fundamental para a resposta rápida ao avanço da covid-19 no país asiático.

Para tentar retribuir o que sinto quando uma dessas pessoas me transmite seus ensinamentos, ou abre a porta de casa para mim, aponta sua cadeira mais confortável e me pega carinhosamente pelo braço, me levando até ela, convido você a experimentar comigo o que vi e vivi da porta para dentro e da porta para fora da minha casa.

Que meus professores sejam também os professores de vocês.

1. Da porta para dentro: Sobreviventes

Antes da morte existe um silêncio. Um vácuo de som em que tudo parece estar suspenso. Todos que estavam naquela cabine ouviram o som desse silêncio. O avião bateu no chão. Ouviu-se então um estrondo ensurdecedor misturado com sons agonizantes de ferragens se dilacerando. O avião deslizou por mais de duzentos metros pelo capim alto do pasto ermo. Sentia-se a energia imensa da força da gravidade de uma aeronave que despencou do céu. Para quem estava na cabine, essa energia parecia eterna. Só parou quando o bimotor, que vinha arrastando cercas de arame farpado que dividem os pastos nas fazendas, se chocou com um trecho mais elevado do terreno. Ouviu-se um novo silêncio.

Todos vivos. Um milagre. Minha poltrona tinha as costas coladas no assento dos pilotos. Olhei para trás e vi que eles, com o rosto coberto de sangue, estavam tentando se desvencilhar do cinto de segurança. Uma nuvem densa de terra vermelha invadiu a cabine, pairando entre nós.

Estávamos todos em pânico. Olhávamos uns para os outros à procura de uma explicação do que ocorrera. Quando começamos a falar, as vozes aflitas se misturaram criando uma linguagem incompreensível, uma comunicação impossível. Havia angústia e alívio nos semblantes.

Na vida há sempre um momento de confrontação profunda com a verdade. Aquele instante no qual o futuro da gente se define. O meu foi esse, num descampado do Pantanal do Mato Grosso do Sul, numa manhã de domingo, 24 de maio de 2015. O dia estava deslumbrante. No céu azul não havia nem sequer um fiapo de nuvem. O céu outonal de maio, no Brasil, é uma das coisas mais bonitas que temos — nos dá uma sensação incrível de amplitude. Angélica tinha ido para o Pantanal no começo da semana com nossa caçula, Eva, para gravar um programa em uma pousada da região; eu e os meninos, Benício e Joaquim, chegamos pouco depois. Foram momentos ótimos: passeamos em família, conhecemos um local paradisíaco, um ecossistema que é um dos tesouros não só do Brasil, mas de toda a humanidade. Descansamos, renovamos nossa afetividade familiar com a calma nem sempre possível na nossa rotina de trabalho.

A gravação da Angélica terminou num sábado. No dia seguinte, estávamos prontos para partir. Faríamos um voo curto de bimotor até Campo Grande, e de lá seguiríamos para o Rio. Quando o avião começou a subir, mirei a paisagem pela janela. Vi, lá embaixo, a imensidão alagada sob o sol, os rios que serpenteavam pela mata baixa, incontáveis pontinhos brancos se movimentando em bandos.

Toda essa paz durou pouco. Faltando cerca de 130 quilômetros para o aeroporto de Campo Grande, o barulho do avião mudou. Segundos depois, a aeronave pendeu uns trinta graus para o lado esquerdo. Estiquei o pescoço na direção da cabine e vi os pilotos mexendo na bomba de combustível. O painel mostrava que um dos motores havia apagado. Dali em diante, vivemos os piores quatro minutos de nossas vidas.

Um acidente de avião nunca acontece por uma causa única: é preciso que vários elos da corrente se soltem para que uma tragédia ocorra. Pois os elos haviam começado a se soltar muito antes da decolagem. O relatório do Centro de Investigação e Prevenção de Acidentes Aeronáuticos (Cenipa), da Força Aérea Brasileira, publicado meses mais tarde, revelou que o avião modelo EMB-820C Carajá, que nos transportava naquela linda manhã de domingo, não deveria ter saído do solo naquele dia. Dois equipamentos essenciais da aeronave estavam quebrados: o gravador de dados de voz (uma das caixas-pretas) e o sistema aerodinâmico que reduz a resistência do ar.

Mais grave ainda, os sensores de nível de combustível da asa esquerda estavam em posições trocadas. O sensor do tanque interno estava instalado no tanque externo, e vice--versa. Isso fez com que os pilotos achassem que havia mais combustível naquela asa. O resultado? Pane seca. Sem combustível para seguir, o avião cai.

Quando começamos a perder altura, mirei a paisagem de novo pela janela, agora com olhos bem preocupados. O solo era recortado por plantações, pastos e descampados; à esquerda, erguia-se uma grande serra. Os pilotos apontaram a proa do avião naquela direção, dizendo haver uma pista depois do maciço rochoso. Mas, quando curvou para o lado do motor avariado, o avião passou a perder altura mais rapidamente.

O nervosismo tomou conta de todo mundo. Angélica me perguntava o que estava acontecendo. O olhar dos nossos filhos se enchia de medo. Léa e Didi, que tanto nos ajudam com as crianças, estavam petrificadas, em silêncio. Eu, que sempre gostei de voar e conheço um pouco de aviação, disparei a fazer perguntas aos pilotos tentando obter uma visão mais clara do que estava acontecendo.

O comandante, vendo que o avião não estava com altura suficiente para sobrevoar a serra que se aproximava rapidamente, curvou então o bimotor para o outro lado, na direção de Campo Grande. Naquele momento, devíamos estar a uns 3 mil pés do solo — ou cerca de um quilômetro, o que é muito baixo. As crianças começaram a gritar. Já não havia dúvidas de que não chegaríamos ao aeroporto. Angélica, como se estivesse fazendo uma prece, não parava de repetir um pedido aflito: "pousa, pousa, pousa".

Minha boca estava seca, meu coração, acelerado, mas nos momentos de nervosismo meu instinto é sempre o de me manter centrado e lúcido: minha família precisava que eu não entrasse em pânico, eu tinha a obrigação de protegê-la do que estava por vir — mesmo que, naquela hora, não tivesse nenhuma razão objetiva que me permitisse ter certeza de que ficaríamos bem.

"Nós não vamos pousar, nós vamos cair", falei para eles, olhando cada um nos olhos. "Todo mundo bota o cinto e abaixa a cabeça."

Benício estava diante de mim. Nos entreolhamos. Angélica estava frente a frente com Joaquim. Léa agarrou Eva com imenso carinho e firmeza, numa atitude de amor pela qual serei eternamente grato. Segundos depois, já perto do solo, os pilotos desligaram os motores. Foi então que se deu aquele silêncio estranho, que parece prenunciar a presença da morte.

O bimotor colidiu três vezes contra o solo, subindo e descendo, até derrapar de lado. Finalmente parou, apoiado em uma das asas. Antes disso, vi Angélica voando do assento e batendo a cabeça na lateral oposta da cabine. Seu cinto se rompera. Tivemos muita sorte, além de contar com a perícia do piloto, Osmar Frattini, e do copiloto, José Flávio Zanatto. O exame pericial só foi concluído em 2021 e mostrou que nenhum dos dois era culpado do acidente.

Quando Osmar abriu a porta do avião e colocamos nossos pés no chão, ninguém entendia direito o que havia acontecido. Estávamos sem rumo, sujos de terra, numa espécie de transe. As crianças choravam muito. Temi que Eva tivesse sofrido algum ferimento interno: ela reclamava de dores na barriga. Angélica andava em círculos, desesperada.

Mais tarde, no hospital, descobrimos que eu fui o único passageiro a se machucar com mais gravidade. Quebrei a 11ª vértebra. Mas, naquela hora, cuidando da família, não sentia nenhuma dor. Meu único pensamento era tirá-los dali o mais rápido possível.

Precisamos de muitos meses lidando com o acidente, conversando sobre ele durante o jantar, antes de dormir, elaborando tanto sobre o trauma quanto sobre a nossa sorte, até que tudo passasse a fazer parte da nossa história de modo saudável. Caberia a nós, dali para a frente, transformar aquela experiência numa forma nova e melhor de conduzir a vida.

Nas duas décadas que antecederam o acidente, eu havia trilhado o meu caminho exatamente da maneira como queria. Tinha feito fama e dinheiro na televisão, havia me casado com o amor da minha vida e, com ela, criado nossos três bebês. Tinha conhecido os ícones do esporte e as celebridades do showbiz internacional, conversado com políticos influentes no Brasil e no exterior. Tinha rodado o país inteiro à procura de boas histórias.

Quando você ocupa um horário na maior emissora de televisão da América Latina, quase ninguém rejeita um pedido seu, o contradiz ou coloca um freio nas suas demandas. À sua volta há um time de produtores, redatores, cinegrafistas, diretores, roteiristas, todos prontos para seguir o seu instinto, para transformar em realidade aquilo que você imaginou. Quando vai ao ar, a cena poderá ser assistida por algo como 30 milhões de telespectadores.

Essa experiência é deliciosa, mas tem um custo invisível. Você pode terminar acreditando que é infalível, ilimitado, que basta querer para que as coisas aconteçam.

O acidente foi um tapa na minha cara. Foi como se Deus tivesse me sacudido com violência, me confrontando não apenas com a minha morte, mas a de toda a minha família.

A queda me tirou de vez da zona de conforto. Comecei a refletir sobre por que Deus havia sido tão generoso comigo, sobre qual seria o meu chamado nessa segunda chance, nessa nova vida. Da porta para dentro de casa, ficou claro que Angélica e eu deveríamos priorizar ainda mais o que já era prioridade: nossa família. Que nossos filhos seriam crianças por pouco tempo, que deveríamos aproveitar e investir nosso tempo para formá-los da melhor maneira possível, para que se tornassem adultos generosos, capazes de espalhar coisas boas pelo mundo.

Da porta para fora, iniciei uma cruzada pelo conhecimento. Queria ouvir, ouvir e ouvir mais um pouco, para aprender e assim contribuir para que a minha história pudesse ir bem além daquela biografia de quem fez fama, sucesso e dinheiro, sem no entanto achar um propósito de vida muito claro. Percebi que deveria usar meus privilégios para servir aos outros.

Este livro resume um pouco desse convite ao aprendizado e à transformação que somos capazes de fazer. É também uma singela homenagem ao conhecimento, à ciência e à potência de quem se esforça para fazer deste mundo um lugar melhor para todos.

2. Da porta para fora: Pelas vielas

O cozinheiro manuseava a frigideira com habilidade; o ovo mexido estava quase pronto. Estávamos em um resort na Sicília, sul da Itália. O mar, bem azul, banhava as areias brancas da praia, que por sua vez eram margeadas por um complexo de edifícios baixos e discretos, elegantes o suficiente para não brigar com a paisagem. Mas o que realmente me entusiasmava era o cenário humano, por assim dizer, do hotel. Lá dentro, um pequeno grupo de pessoas se reunira, a convite de uma das maiores empresas de tecnologia do mundo, para cinco dias ininterruptos de conversa. Eram celebridades, filósofos, atletas, líderes de países e empresários que zanzavam pelo local acompanhados de suas famílias e despidos de qualquer protocolo. A única regra era: nada de fotos, nada de postagens nas redes sociais. Era o ambiente ideal para parar, ouvir, falar, pensar e repensar o mundo e o futuro.

Eram mais ou menos 7h30, eu estava na fila dos ovos mexidos, enquanto Angélica me aguardava na mesa e as crianças brincavam na piscina. Ao meu lado, também aguardando seus ovos, estava um homem careca, não muito alto, de nariz longilíneo. Trocamos algumas palavras casuais — fiz um comentário sobre o tempo, ele disse algo sobre o hotel — e acabamos seguindo juntos para a mesma mesa. Logo seu companheiro chegou, juntando-se a nós três. Café vai, café vem, engatamos um papo estimulante. Eles nos contaram que eram um casal, viviam em Israel e gostavam de viajar pelo mundo para conhecer novos lugares. Depois de um bom tempo conversando, precisamos nos despedir. O ciclo de palestras estava para começar.

O salão havia sido montado como uma grande sala de estar, com sofás e poltronas confortáveis, em tons de lona crua, todos direcionados para um pequeno palco — que também era baixo, para que não houvesse fronteiras entre quem falava e quem ouvia. As conversas eram sempre ancoradas em torno de um tema ou de alguma pessoa. E, para minha surpresa, a primeira conversa do dia foi protagonizada justamente pelo meu colega da fila do ovo mexido. Só então liguei o nome à pessoa: Yuval Noah Harari.

Embora fosse a primeira vez que via Harari pessoalmente, eu já o conhecia — e, sobretudo, o admirava. Tinha terminado havia pouco tempo de ler o seu livro *21 lições para o século 21*, uma análise provocativa sobre onde estamos e para onde vamos. Também havia lido *Sapiens*, que conta a história da humanidade desde o surgimento do *Homo sapiens*, centenas de milhares de anos atrás, até sua consolidação como a única espécie de hominídeo a ocupar o planeta.

Nos dias seguintes, até o fim da estada italiana, continuamos nos vendo e trocando ideias — o que serviu não só para aumentar ainda mais o meu respeito por Harari, mas para criar um laço de amizade entre nós. Meses mais tarde, ainda em 2019, fui gravar um episódio do *Caldeirão*, o meu programa das tardes de sábado na Globo, em Israel, e aproveitei a oportunidade para reencontrar o casal amigo. Metódico e disciplinado, Harari passa três dos doze meses do ano em silêncio e meditação, uma imersão que demanda enorme autocontrole e foco, que não é para qualquer um. Dos nove meses restantes sempre separa dez dias para visitar algum país que ainda não conhece. Despedi-me fazendo um convite para que incluísse o Brasil na sua lista. Meses depois, ele estava aqui.

Yuval Noah Harari é um dos palestrantes mais caros e requisitados do planeta. Só fala onde, quando e para quem escolher. Ao saber de sua intenção de vir para cá, tentei ajudar como pude. Mas sugeri, para além das palestras no Congresso ou na Faria Lima, que conhecesse o Brasil "de verdade" — aquele que é vitimado pela desigualdade sobre a qual ele discorre em seus best-sellers. Eu queria que Harari fosse ao local onde vivem o motorista de ônibus que pode perder o emprego com a automatização dos coletivos, a operadora de telemarketing que poderá ter o cargo substituído por um aplicativo baseado em inteligência artificial, a professora de escola pública que precisará se adaptar ao ensino à distância, a enfermeira do SUS que pode ter o emprego afetado pela telemedicina. Ele topou na hora.

Nosso destino foi a comunidade Tavares Bastos, no morro da Nova Cintra (no bairro do Catete, Zona Sul do Rio), uma das poucas favelas da cidade imunes ao domínio das milícias ou do tráfico por ser localizada rente à sede do Bope, o Batalhão de Operações Policiais Especiais da Polícia Militar. Intuí que a visita poderia render um conteúdo inspirador para o *Caldeirão*, desde que houvesse o que chamamos de "gancho" — um elemento nesse quebra-cabeça narrativo que servisse de contato entre o filósofo israelense e a realidade brasileira. E o "gancho" apareceu com nome e endereço: Douglas Pinheiro de Oliveira, morador de São Gonçalo, cidade da região metropolitana do Rio de Janeiro.

Eu havia conhecido Douglas poucos dias antes, durante a gravação do quadro "Um por todos, todos por um", no qual conto a história de empreendedores sociais que, apesar dos poucos recursos, conseguem causar um impacto positivo na rua, no bairro ou até em grande parte das comunidades em que moram. A ideia do quadro é chamar a atenção para esses heróis anônimos, que cuidam do futuro de crianças em locais onde o poder público não se faz presente.

São Gonçalo é uma cidade com mais de 1 milhão de habitantes — a 16ª mais populosa do país, apesar de relativamente pequena em termos de área. O resultado é uma malha urbana abundante em favelas. Douglas, por exemplo, mora no Complexo da Coruja, um conjunto de mais de vinte favelas que convive com a guerra do tráfico, o desamparo social e a falta do mínimo de infraestrutura necessária. Quando o conheci, em 2019, ele era um jovem de 29 anos que trabalhava como maqueiro em um posto de saúde, o que lhe rendia um salário de cerca de mil reais. Ainda assim, destinava a maior parte do seu sustento ao seu projeto social, o Primeira Chance.

Como diz o nome, o Primeira Chance tenta ser um ponto de partida, um sopro de esperança para as crianças do Complexo da Coruja. Douglas transformou a própria casa em um centro de atividades, com aulas de balé, teatro, música, futebol, em salas pequenas, construídas onde antes era o quintal. Mas a carência no entorno é tão grande, que a impressão que tive, ao conhecer o projeto, é de que aquela poderia ser não só a primeira, mas também a única chance de muita gente.

Ao entrar na casa humilde, vi que os quartos da família se confundiam com as salas de aula. Era palpável o quanto Douglas se esforçava para dar uma esperança de futuro àquelas crianças, que aparentavam ter uma certeza, no olhar, de que o poder de fala do "tio Douglas" poderia levá-las a sonhar mais alto. Eram seguidoras de um mestre na arte de construir caminhos entre o sonho e a realidade.

Douglas nasceu naquela mesma casa, onde antes moravam sua avó paterna, a dona de casa Aniceia Santana Bastos, e seu avô de criação, o copeiro Luís Ângelo. Ali, Douglas havia sido criado com seu primo Ramón. "Meu pai era ladrão, morreu assassinado quinze dias antes do meu nascimento", ele me contou quando lhe perguntei por que havia sido criado pelos avós. "Minha mãe era uma traficante muito respeitada e querida aqui no morro, mas também foi assassinada quando eu tinha onze anos." Nas visitas que fazia ao filho, Claudete lhe dizia que tinha o sonho de mudar de vida para poder ficar mais tempo com ele. Apenas mais tarde, no fim da infância, Douglas entendeu o que a mãe fazia para se sustentar — o que em nada diminuiu o orgulho que sente dela.

Perguntei a Douglas como alguém com uma história tão difícil havia se tornado um empreendedor social tão potente, com um projeto tão transformador. Ele me disse que, dos inúmeros trabalhos que tivera — carregador de carvão, segurança, maqueiro —, um deles havia sido especialmente marcante: o de inspetor em uma escola particular. Douglas percebeu que as crianças contavam com tal número de atividades para preencher o dia que nem sequer tinham tempo para cogitar escolher um rumo errado para suas vidas. Resolveu transportar aquele conceito que vira no ensino privado para a realidade da favela onde vivia.

Ele se lembra exatamente do momento em que decidiu iniciar o projeto, em 2015. Foi um dia após mais um assassinato — dessa vez de seu primo Ramón, também morto pelo tráfico. Depois de perder a mãe, o pai e amigos, ele agora ficava sem o primo — que era como um irmão de criação. Ao voltar do enterro, pensou: "Meu sonho é que minha família frequente menos enterros e mais formaturas".

Douglas é o exemplo vivo do que acredito ser o poder transformador da educação, da força da leitura e da informação de qualidade. A frase dele — "trocar enterros por formaturas" — se tornou um mantra para mim. Eu a uso, dando sempre o devido crédito, claro, em textos, conversas, lives na internet. Ela é uma das sínteses mais perfeitas de um sofrimento enfrentado por diversas famílias das periferias. E mais atual do que nunca nestes tempos de pandemia, em que os cemitérios permaneceram abertos, enquanto as escolas e faculdades ficaram fechadas.

Como se não bastasse já ter me acrescentado tanto, em termos de ensinamento, Douglas naquele dia ainda me contou que seu autor preferido era justamente... Yuval Noah Harari. Bingo. Eu tinha o gancho: a conexão entre o filósofo israelense e a dura realidade social de um brasileiro. Por que não juntar os dois? Semanas mais tarde, lá estávamos nós: Yuval, Douglas e eu, na Tavares Bastos. De quebra, o encontro ainda contou com a participação de uma dezena de líderes comunitários.

Quando se junta pessoas notáveis de universos tão distintos, o resultado quase sempre é memorável. A troca de ideias entre os dois foi tão estimulante quanto a discussão da qual eu participara com Harari no primeiro dia do encontro na Sicília. Douglas e ele conversaram sobre o futuro da vida nas favelas e do mercado de trabalho daqui a algumas décadas, sobre a possibilidade de os computadores desenvolverem um viés racista, sobre formas de tornar as democracias mais justas. "As crianças que você educa, qual é o mundo em que elas vão viver daqui a vinte ou trinta anos? Qual é o tipo de emprego que vão ter? Ninguém sabe. É a primeira vez na história em que não sabemos como será o mundo do trabalho num futuro próximo", respondeu Harari, quando Douglas lhe perguntou sobre o futuro da favela. "Acho que parte do seu trabalho como líder comunitário é olhar esses dois caminhos: você precisa ser um porta-voz da sua comunidade para o resto do mundo, para que as pessoas de lá não sejam excluídas. Mas, ao mesmo tempo, você precisa informá-las sobre os novos processos desse mundo, para que elas possam se preparar." Foi uma conversa entre dois mestres em suas respectivas áreas. Mais do que suas enormes diferenças — de língua, de formação, de universos —, eles consolidaram seu ponto de vista comum e deixaram a lição de que vale a pena se dedicar a resolver os imensos problemas causados pelas desigualdades de oportunidades.

Menos de um ano depois de nossa ida à Tavares Bastos, o mundo é outro. Uma pandemia está transformando a vida das pessoas no mundo inteiro, e os temas que Harari tanto estuda — nossa relação com a tecnologia e a ciência, o papel da empatia — nunca foram tão decisivos. Em março de 2020, ele publicou um artigo no jornal inglês *Financial Times* refletindo sobre como seria o mundo após a tempestade provocada pelo novo coronavírus.

Segundo o artigo de Harari, publicado no veículo mais influente do mundo em questões empresariais e financeiras, as decisões tomadas por países e pessoas com relação à pandemia terão impacto não apenas nos sistemas de saúde, mas também na economia, na política, na segurança e na cultura. O vírus nos obriga a agir de forma rápida e decisiva, mas também precisamos levar em consideração as consequências a longo prazo de nossas ações — ou seja, ao escolher entre as alternativas disponíveis, devemos nos perguntar não apenas como superar a ameaça imediata, mas também que tipo de mundo habitaremos quando tudo isso passar.

Ao ler o artigo de Harari, pensei que eu poderia contribuir para o debate no Brasil organizando conversas com pensadores respeitados, que voassem acima dos interesses partidários de nossa polarização política e que fizessem um contraponto firme à campanha negacionista e obtusa que insistiu em tratar a pandemia como uma reles gripezinha. Mesmo Harari sendo uma das mentes mais respeitadas quando o assunto é o impacto das novas tecnologias — ou talvez exatamente por isso —, ele não tem celular nem e-mail. Por isso, disparei um e-mail para Itzik, seu companheiro. Convite feito, convite aceito. E assim começou a nascer este livro.

Em *21 lições para o século 21*, Harari explora as grandes questões do nosso tempo. Nas últimas duas décadas já vimos transformações drásticas, em termos de tecnologia e comportamento, em um período relativamente curto, mas a pandemia parece ter acelerado ainda mais esse processo. Eu quis saber, portanto, se a crise que estamos vivendo alterou de alguma forma a visão dele sobre o que virá.

"Se lidarmos com isso de maneira cooperativa, a crise será menos grave e, depois da crise, teremos um legado de solidariedade humana", respondeu Harari. "Se, por outro lado, a lógica for de cada país por si e lutando entre si, culpando um ao outro, então não apenas a crise será muito mais grave como poderemos ter depois uma atmosfera envenenada por muitos anos." Hoje, um ano depois da nossa conversa, diante do que ocorre no Brasil (enquanto finalizo este livro, já temos 500 mil mortos — número que continua a subir, na maior catástrofe da história do país), vejo que ele não poderia estar mais certo.

Cidadãos e governos, prosseguiu o pesquisador israelense, tiveram de tomar decisões muito importantes nos últimos meses — e terão de tomar outras tantas nos meses por vir. Governos estão fazendo experimentos sociais envolvendo trabalho e sistema educacional on-line, e fornecendo uma renda básica à população — o que tem potencial de mudar o planeta. Lembrei a ele que a sociedade civil brasileira estava se movimentando, fazendo com que a filantropia no Brasil desse um salto. De fato, no final daquele ano de 2020, chegaríamos a 6 bilhões de reais em doações só para projetos de combate ao impacto da covid-19 — o dobro do total de todas as áreas ocorrido dois anos antes.

Falamos sobre lideranças negacionistas, sobre países que vivem um blecaute de liderança. Harari enfatizou que a sociedade civil tem o desafio enorme de evitar que esses líderes, de mentes não exatamente brilhantes, tomem decisões trágicas para todos nós. A população precisa ficar com um olho na epidemia e o outro nas decisões políticas. Há bilhões de dólares em jogo: quem receberá dinheiro e quem será deixado de lado? Há também a preocupação com os novos regimes de vigilância: se por um lado a tecnologia nos ajuda a identificar os portadores do coronavírus — diminuindo assim o risco de contaminação —, por outro serve para rastrear as pessoas, com fins não necessariamente sanitários. Coisas que meses antes seriam impossíveis em um país democrático foram feitas sem maior resistência. É uma lógica de exceção.

"Mas devemos ter cuidado ao comparar nossa situação com uma guerra", alertou Harari. "Líderes ao redor do mundo estão fazendo isso, o que é perigoso, pois dá às pessoas a ideia de que existe um inimigo — não apenas o vírus, mas um inimigo humano a ser combatido. E isso faz com que se espere respostas em termos de segurança pública. Mas o que estamos enfrentando é um tipo muito diferente de crise. Em uma guerra, o herói é o soldado que avança com sua metralhadora. Na crise atual, os protagonistas são os profissionais de saúde que enfrentam duras jornadas nos hospitais."

Essa relação entre pandemia e vigilância também me preocupa. Filmes futuristas como *Blade Runner, Robocop, O vingador do futuro* e *Matrix* — de uma forma ou de outra no mesmo diapasão das previsões do Estado autoritário que marcaram os livros *1984* e *A fazenda dos animais*, de George Orwell, que há mais de meio século são lidos no mundo inteiro — marcaram a minha juventude. Imaginávamos um futuro em que o governo saberia tudo sobre nós apenas mapeando o nosso rosto. Agora, em certo sentido, isso já é uma realidade — basta ver o que vem acontecendo na China, onde o governo federal passou a ter um controle minucioso de cada movimento de cada cidadão de forma a conter o avanço da covid-19.

"Precisamos confiar nas novas tecnologias para combater a epidemia", ponderou Harari. "Mas temos de fazer isso de maneira cuidadosa. Caso contrário, podemos criar países totalitários. Vemos agora que mesmo os países democráticos estão instituindo esses sistemas de vigilância que provavelmente continuarão a existir depois que a crise acabar. Eles são muito fáceis de criar e difíceis de eliminar, porque sempre haverá outra emergência ou outra justificativa." Como solução, ele propôs que o poder de vigiar não deve ser atribuído às forças de segurança, mas a algum tipo de autoridade sanitária — talvez uma nova autoridade epidemiológica, focada apenas na saúde das pessoas. Por outro lado, sugeriu que esse caminho da vigilância pode e deve ser de mão dupla, sendo usado para que os cidadãos monitorem as atitudes e as contas dos governos.

Relembrando nossa visita à favela carioca de Tavares Bastos, provoquei-o a falar um pouco sobre os efeitos da pandemia na pobreza e na desigualdade. Comentei sobre a complicada situação que o Brasil tinha diante de si: boa parte da população, incluindo os mais de 16,3 milhões de pessoas que vivem em favelas, corria o risco de se aprofundar na pobreza em um intervalo de semanas (naquele momento, em abril de 2020, a ciência já nos mostrava a importância de ficar em casa, e o auxílio emergencial por parte do governo federal ainda não havia saído do papel). Harari respondeu que a solução passaria por uma grande aliança internacional.

"O futuro dependerá das decisões que tomamos hoje no Brasil, em Israel e em todo o mundo. A grande questão é se enfrentamos esta crise como uma sociedade global, por meio da solidariedade e cooperação entre países, ou se lidamos com ela por meio do isolacionismo nacionalista e da concorrência", explicou. "Como devemos, por exemplo, enfrentar a escassez de recursos médicos — kits de teste, respiradores, máscaras, luvas? Todos os países dependem de outros para obter esses recursos, precisamos de uma cooperação global para tornar a produção mais eficiente e distribuir qualquer equipamento médico existente de maneira justa." Harari lembrou também que a emergência demandava que organizações internacionais, como o Fundo Monetário Internacional ou o Banco Mundial, criassem uma rede global de segurança para garantir que *nenhum* (o grifo é meu) país caísse em completo caos econômico.

Além dos problemas mencionados, não podíamos esquecer da saúde mental. Logo que a pandemia estourou, ficou claro que não estávamos preparados para o isolamento, para a sala de casa virar escritório, para a varanda virar rua, para a suspensão temporária dos beijos e abraços. "Milhões de pessoas estão trancadas num pequeno apartamento com uma grande família. Talvez o negócio delas esteja em colapso, ou talvez tenham perdido o emprego. E, pensando novamente sobre como isso não é uma guerra, mas uma crise de saúde, é preciso oferecer também atendimento de saúde mental. Este é o momento em que precisamos de meditação, de psicologia, de serviços sociais, de uma rede de segurança mental que ajude a lidar com a crise. E também de esperança, para quando a crise acabar."

Insisti na questão das lideranças, em nível global. A pandemia nos atingiu enquanto alguns líderes mundiais flertavam com o autoritarismo, a xenofobia e a repressão, tornando o debate político uma espécie de "nós contra eles". Perguntei se não era o caso de aproveitar a crise para tentar dar um passo à frente, melhorando o estado atual da política.

Isso poderá vir a ocorrer, segundo Harari, à medida que percebermos a força das democracias para lidar com crises.

Apesar de alguns políticos usarem a pandemia para pregar o ódio contra estrangeiros, o ódio às minorias, e dizer que devemos nos preocupar apenas com nosso próprio umbigo, fechando fronteiras e abandonando a democracia, as coisas não precisam ser assim. Simplesmente não é verdade que as ditaduras lidam melhor com crises do que as democracias. Em geral é o oposto. A impressão equivocada de "eficiência" das ditaduras decorre do fato de que, nelas, a tomada de decisão depende apenas de uma pessoa — e não de um sistema amplo e complexo de pesos e contrapesos. Mas o que garante que essa pessoa tomará a decisão correta? E se não for a decisão correta, qual a garantia de que ela vai admitir o erro e tomar então as medidas certas? A democracia é mais eficiente porque há uma pluralidade de vozes e ideias. Além disso, um povo motivado e educado é muito mais forte do que um povo sem formação e informação, vivendo sob um regime que policia suas atividades. As armas mais importantes para lutar contra a epidemia são a informação embasada, o diálogo e a ciência.

"Na Idade Média, quando a peste negra matou milhões, ninguém entendeu o que estava acontecendo, o que estava matando humanos e o que poderia ser feito. As pessoas pensavam: 'talvez Deus esteja nos punindo, talvez tenhamos todos de ir à igreja e orar, e talvez isso chegue ao fim'. E é claro que não ajudou — somente espalhou a infecção ainda mais rápido", lembrou Harari. "Agora, os cientistas levaram apenas duas semanas para identificar o novo vírus, sequenciar todo o seu genoma e criar testes confiáveis para saber quem está doente. Até para lavar as mãos, a base foi o conhecimento científico." Harari acredita que uma boa educação científica, desde a escola, é o primeiro passo para desarmar teorias ridículas de conspiração. "Se aprendermos a lição corretamente, a pandemia servirá para que façamos um investimento maior não só em pesquisa, mas em educação científica para toda a população. Quando a próxima epidemia chegar, estaremos em uma posição muito melhor."

Yuval Noah Harari apontou um aspecto fundamental para que consigamos sair dessa crise melhor do que quando entramos nela: a percepção de que o maior inimigo não é o vírus, mas nossos próprios demônios interiores. É o ódio, a ignorância, a ganância. São as grandes empresas que dizem: "Ei! Temos tido dificuldades ultimamente, talvez possamos aproveitar essa oportunidade para fazer com que o governo nos dê bilhões de dólares". São as pessoas que não ouvem a ciência.

Passado um ano da minha conversa com Harari, é triste perceber que Brasil e Estados Unidos foram dois dos principais países reprovados no teste da pandemia. A má liderança de Donald Trump (já fora da presidência, sucedido pelo governo de Joe Biden, no momento em que escrevo este livro) e Jair Bolsonaro se traduziu em um número catastrófico de mortes que poderiam ter sido evitadas e num desgaste da imagem internacional de ambos os países. No caso dos Estados Unidos, essa tragédia está ao menos sendo remediada com o plano gigantesco de vacinação do governo Biden, que ainda fez um movimento histórico, contrário ao velho modelo de capitalismo desenfreado (algo sobre o qual falaremos mais adiante), de apoiar a quebra das patentes das vacinas contra a covid-19. No Brasil, o processo de vacinação tem sido claudicante, devido a um misto de incompetência, desorganização e boicote negacionista por parte do governo federal. Por outro lado, essa crise tem servido, ao menos, para revelar a força do sistema de pesos e contrapesos da nossa democracia, que, apesar dos ataques, tem resistido. A sociedade civil e a imprensa também tiveram um papel vigilante poderoso.

Para entender melhor o fracasso americano na pandemia durante o governo Trump, fui conversar com Scott Galloway, professor da Universidade de Nova York e um dos gurus do Vale do Silício, a região dos Estados Unidos em que estão instaladas algumas das maiores companhias de tecnologia, como Facebook, Apple e Google (Galloway é inclusive autor de um importante livro — Os Quatro — justamente sobre a receita de sucesso dessas três empresas, além da Amazon). Ele foi eleito um dos Líderes Globais do Amanhã pelo Fórum Econômico Mundial.

"O que é vergonhoso no caso dos Estados Unidos é que nós somos o país mais rico do mundo, mas 40% da nossa população não consegue sobreviver três ou quatro semanas sem receber algum dinheiro público", explicou Galloway, lembrando que a crise ocorrida na pandemia é também uma crise de modelo econômico, e não apenas sanitário. "O que descobrimos é que nós não investimos o suficiente nas nossas instituições, nos centros de controle e prevenção de doenças, nas redes locais de assistência médica, no sistema de segurança social. E isso deixou metade dos nossos irmãos vulneráveis. É um fracasso da nossa sociedade."

Apesar de pessimista quanto ao que tem visto na pandemia, Galloway divide comigo uma esperança de que a crise acabe gerando um modelo de sociedade um pouco mais generoso, que tenha como meta a diminuição da desigualdade. "Não podemos ter um terço das famílias com a alimentação das crianças ameaçada, não podemos deixar que as escolas e as universidades entrem num sistema no qual o 1% mais rico conta com 77 vezes mais chance de ter uma educação de elite do que alguém que vem de uma família de baixa renda", disse, referindo-se ainda à sociedade americana. "Acho que dentro do 1% mais rico da população, no qual me incluo, existe uma disposição a pagar mais impostos, a reconhecer que o que nos trouxe até aqui não vai nos levar até onde precisamos chegar."

Segundo Galloway, não há como negar que as imagens do Brasil e dos Estados Unidos sofreram um desgaste expressivo durante a pandemia: os dois países sairão, junto da Índia, com os números mais altos de infectados e mortos — e isso tendo tido mais tempo para se preparar do que a China e os países da Europa. Observo que, no caso do Brasil, a situação é ainda mais absurda porque desenvolvemos um sistema robusto e integrado de saúde pública, o SUS, e também contamos com a expertise em vacinação do Instituto Butantan e da Fundação Oswaldo Cruz. Poderíamos sair dessa crise como referência. Por escolha negacionista de quem nos comanda, sairemos como uma nação traumatizada, com centenas de milhares de mortes.

"Você pode dizer que isso aconteceu por vários motivos, da politização das massas ao enfoque total na economia, passando pelos elevados custos da assistência médica. Esse vírus não é igualitário, ele tem atacado os pobres e os negros de maneira mais intensa", disse-me Galloway. "Além disso, houve uma negação completa por parte das nossas lideranças em tentar entender o que estava acontecendo, em reconhecer a ciência, em respeitar a verdade. Elas acharam que podiam ignorar tudo. Donald Trump, no início da pandemia, disse as seguintes palavras: 'Acho que isso tudo vai desaparecer em um passe de mágica'. Nossas nações vão sair dessa crise menos saudáveis, menos respeitadas. Nossos filhos e netos vão pagar o preço por isso."

Filhos e netos. É tão importante pensar neles quanto lembrar os exemplos dos nossos pais e avós. "Se pensarmos na Segunda Guerra Mundial, veremos que tantas nações se uniram e trabalharam juntas", lembrou Galloway. "Se os russos, os ingleses e os americanos se acertaram durante a Segunda Guerra Mundial, não há motivo para não nos unirmos e trabalharmos juntos, não há razões para não compartilharmos conhecimento. Nós precisamos de liderança, de mais empatia, de mais cooperação global. O superpoder da nossa espécie é a cooperação."

Douglas Pinheiro de Oliveira que o diga. Foi por causa dessa vontade de cooperar que ele criou o projeto Primeira Chance. Foi por sentir o dever de cooperar que tem ajudado tantas famílias do Complexo da Coruja durante a pandemia. Hoje ele trabalha como entregador da Uber Eats, mas continua dedicando a maior parte do seu tempo à comunidade: intermediou doações de cestas básicas, máscaras e álcool em gel, além de ter organizado uma frota de carros, com os próprios moradores, para levar os idosos para serem vacinados contra a covid-19. A história já cansou de nos provar que uma sociedade dividida não avança. Nunca. Mas, se usarmos o nosso poder de cooperação, nossa construção do futuro nos levará a uma nação de potencial infinito. Eu acredito que isso seja possível. É por isso que procuro bater nas — e abrir as — portas.

3. Da porta para dentro: De onde eu vim

A pandemia e o isolamento social iniciados em 2020 impuseram desafios a todas as famílias, com impactos distintos em função do recorte social ou geográfico. Todas e todos tivemos de enfrentar uma maior intensidade do convívio doméstico, para o bem e para o mal. Algumas famílias viveram o drama do fim do convívio com um parente querido. Certas se fortaleceram, outras se despedaçaram. Tive a sorte e o privilégio de estar no primeiro grupo, por isso resolvi falar aqui das minhas origens familiares.

Homem, branco e nascido numa família de professores universitários, cresci dentro de uma redoma social, estudando em bons colégios, protegido por meus pais e rodeado pelo carinho dos meus avós.

Mas, desde cedo, ouvia as histórias do meu avô materno Maurício Grostein — histórias que não eram exatamente as de um homem privilegiado. Na primeira metade dos anos 1930, ele vivia com os pais e os irmãos em Grajewo, uma cidadezinha da Polônia com cerca de 2 mil habitantes. Era um adolescente judeu num mundo cercado de ameaças antissemitas. O ato mais corriqueiro, como simplesmente andar pela vizinhança, já significava um perigo de chegar em casa espancado ou apedrejado. Maurício sofreu violências e humilhações inúmeras vezes no trajeto para a escola — até o dia em que abriu a janela e viu uma oportunidade. Ele olhou para o centro de Grajewo, um grande quadrilátero com edificações de madeira, típicas dos bairros judaicos daquela época. Apoiou-se no parapeito e reparou com atenção naquela paisagem de telhados emendados uns nos outros, como retalhos de uma colcha. Estava bem ali, na sua frente, a solução para as ameaças cotidianas. Poderia simplesmente caminhar pelo topo das casas. A história, que talvez tenha alguma dose de fábula, foi repassada de geração em geração, na família, como exemplo de que um pouco de criatividade é possível — e útil — mesmo nas situações mais nefastas.

A Europa ainda se recuperava da hecatombe provocada pela Primeira Guerra Mundial quando uma nova tormenta, ainda mais devastadora, começou a se formar no continente. A economia sofria as consequências avassaladoras da Grande Depressão, desencadeada pela quebra da Bolsa de Nova York, ocorrida em 1929. Como peças de um dominó, os países europeus foram sucumbindo à recessão, ao desemprego em massa, ao descontrole inflacionário. A política também navegava em águas sombrias, nas quais cresciam os movimentos extremistas. O fascismo já dominava a Itália, com Benito Mussolini. Em 1933, Adolf Hitler chegaria ao poder na Alemanha.

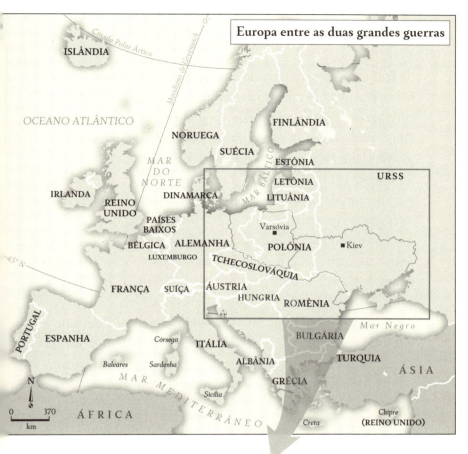

Fazia séculos que os judeus viviam espalhados pelo continente europeu, geralmente trabalhando no comércio. Como já ocorrera antes na história, acabaram sendo escolhidos como bode expiatório, acusados de praticar um capitalismo predatório que eliminava os antigos postos de trabalho. Esse forte sentimento de antipatia era ainda mais explosivo e disseminado nos países da Europa Oriental. Na Rússia, os pogroms (termo que designa os violentos ataques físicos, muitas vezes fatais, que os judeus e outros grupos étnicos ou religiosos sofriam) já haviam forçado o êxodo de milhares de famílias desde o século XIX. Nas áreas rurais, a situação era ainda mais grave. Ali, os judeus, em sua maioria comerciantes, representavam o ponto de contato entre os aldeões e a economia mundial, num momento em que essa interação era sacudida pelos ventos ruidosos da modernidade. Na falta de um inimigo claro, tornavam-se o alvo.

Exaustos de tanta brutalidade e selvageria, os Grostein, assim como milhares de outras famílias judias, perceberam que a única chance que tinham de continuar vivos e trabalhando era fora da Europa. Aos poucos, foram deixando a vida pregressa para trás, e partindo — primeiro para o Uruguai, onde meu bisavô Jaime vivia desde 1928 (o destino principal dos judeus poloneses havia sido os Estados Unidos, mas o período tumultuado do pós-guerra fez com que as leis americanas de migração se tornassem mais restritivas). Sete anos depois, em 1935, Maurício deixou Grajewo, ao lado da mãe, da tia e de uma irmã para encontrar o pai no continente sul-americano. Os quatro zarparam do porto alemão de

Hamburgo em janeiro, durante o inverno cinzento e severo. Viajaram na terceira classe, lugar destinado aos emigrantes menos abastados. Depois de cerca de quinze dias de viagem, chegaram a Montevidéu, sob o sol forte do verão. Foi um prenúncio das coisas boas que viriam a acontecer. Meu avô tinha então quinze anos recém-completados.

Fico tentando imaginar as angústias, os medos e as esperanças que povoaram a cabeça de todos eles durante a viagem. Estavam deixando o continente em que haviam crescido, em que viviam amigos e parentes, o continente que guardava a história dos seus antepassados, sua língua, seus valores, e rumavam para um lugar estranho, distante, cuja cultura desconheciam completamente.

Por coincidência — e também por falta de opções —, a família da minha avó Matilde também havia migrado da Polônia para o Uruguai, dois anos antes, numa trajetória igualmente marcada por sofrimento e incerteza. No começo da década de 1930, os Laschover viviam em Brody, então parte do território polonês e hoje da Ucrânia. Os judeus tinham uma história longa e rica naquela região, onde haviam se estabelecido no século XVI, chegando a compor a maior parte da população. Nos séculos seguintes, sucessivas ondas migratórias saídas da Rússia acabaram por transformar a cidade no centro do judaísmo ortodoxo e num dos mais importantes locais de educação judaica da Europa. Matilde nasceu ali no dia 13 de fevereiro de 1925, numa família de rabinos.

Assim como havia ocorrido com a família de Maurício, a de Matilde também enfrentou anos de perseguições antissemitas e pogroms. Também como aos Grostein, aos Laschover só restou a opção de fugir. O primeiro a ir para o Uruguai, em 1933, como era comum nesse tipo de empreitada, foi o meu bisavô, que também se chamava Jaime. Ele conseguiu um emprego na construção civil e começou a preparar o terreno para receber o restante da família, que viajou tempos depois.

Dessa forma, minha avó Matilde conseguiu fugir não só da Segunda Guerra Mundial, que começaria dali a alguns anos, como também de seu desdobramento mais monstruoso, o Holocausto. Nem todos os membros da família tiveram a mesma sorte. Minha bisavó Blime, mãe de Matilde, deixou para trás sete irmãos, que permaneceram em Brody, e com os quais teve pouco contato depois de migrar para Montevidéu. Três décadas depois, nos anos 1960, ela recebeu uma carta contando que todos eles, além da família que a ajudara a comprar passagens de navio para o Uruguai, haviam morrido em campos nazistas. No final, praticamente toda a comunidade judaica de Brody acabou exterminada.

Maurício e Matilde sempre relutaram em contar os horrores que tiveram de enfrentar antes de aportar na América do Sul. Não deixa de ser uma maneira de tentar proteger os descendentes do sofrimento. Tenho a impressão de que eles buscaram compensar as carências brutais que tiveram na infância dando aos filhos e aos netos todas as condições possíveis para se desenvolverem. Por já terem perdido tudo, eles sabiam que apenas o conhecimento é intrínseco, inviolável, que só ele sobrevive à violência.

O crítico literário franco-americano George Steiner, grande estudioso do judaísmo, ensinava que a maioria das nações definiu sua identidade a partir de fronteiras geográficas, ao passo que o povo judeu sempre foi nômade. "Assediado por uma perseguição sem fim, reduzido ao exílio e refugiado, o judeu foi expulso de uma terra a outra, através dos oceanos, para moradas muitas vezes brilhantemente criativas, mas fundamentalmente estrangeiras ou temporárias", escreveu ele em *Aqueles que queimam livros*. Sem um pedaço de terra para chamar de seu (Israel só foi fundado em 1948), a pátria judaica virou o texto, a palavra. "Enquanto pudesse levar consigo as Escrituras, estudá-las incansavelmente, anotá-las, glosá-las, comentá-las, o judeu poderia preservar sua identidade", continuou. Meus avós sempre souberam que a maior riqueza que alguém pode ter é o saber e o caráter.

Depois de se estabelecerem na vasta planície dos pampas, as famílias de Matilde e Maurício passaram a integrar a crescente comunidade judaica que ia se formando ali. Os dois jovens se conheceram em uma festa promovida pelo grupo de expatriados. Como terão se entrevisto pela primeira vez? O que, em cada um, chamou a atenção no outro? Sei apenas que um gosto em comum foi decisivo para que se aproximassem. "A gente se conheceu bailando", contava minha saudosa avó, nas poucas vezes em que falava do passado.

O casamento aconteceu em Montevidéu, em março de 1946. Além da destreza com os pés, Maurício também era habilidoso com as mãos, e seu primeiro emprego foi como artesão de acabamento em móveis finos de madeira. Matilde logo cedo mostrou que não iria se conformar ao papel de submissão marital que a tradição lhe reservara. Simpática e muito bonita, trabalhou como vendedora no comércio de moda, situação incomum, à época, para uma mulher da comunidade judaica.

Essa união que surgiu nos salões das festas judaicas perdurou por mais de cinquenta anos. Juntos, Maurício e Matilde foram um exemplo de convivência. Nunca os vi brigar entre si ou com alguém. Evitavam o conflito a todo custo, buscavam ouvir, prestavam atenção no outro. Meu irmão mais novo, Fernando, uma vez disse que a personalidade dos dois se misturava, como se eles fossem uma coisa só, dividida em duas partes.

Dois anos depois do casamento, meus avós resolveram se mudar para a outra margem do rio da Prata, atrás de melhores oportunidades. Em Buenos Aires, Maurício começou a trabalhar no ramo de casacos de peles, incentivado por um amigo que lá vivia. A coisa deu certo, e logo meu avô se tornou um grande peleiro, especializado em casacos finos. Em 1948, nasceu Marta Dora, minha mãe. Em 1950, foi a vez do meu tio Victor.

As coisas iam bem: a família aumentava, os negócios cresciam. Mas o antissemitismo era uma ameaça sempre a rondar as famílias judaicas. Assustados com a propaganda do governo ditatorial de Juan Domingo Perón contra os judeus, meus avós decidiram migrar uma vez mais, em 1953. Planejavam voltar ao Uruguai, mas a fronteira entre os dois países havia sido bloqueada pelo governo peronista. Tiveram então de tomar um caminho mais longo, embarcando em um navio com destino a Santos. De lá, seguiram para São Paulo, onde viviam os dois irmãos mais velhos do meu avô Maurício: Isaac e Oscar. Tinham planos de ficar apenas uma semana, e eventualmente voltar para o Uruguai. Acabaram ficando pelo resto de suas vidas. Assim começou a história da minha família no Brasil.

Hoje, passados quase cem anos, a Polônia volta a viver um período de obscurantismo político. Deixou de ser um dos países mais promissores da União Europeia — uma ilha de inovação, educação e empreendedorismo — para ser comandada por um governo xenófobo, antidemocrático e antissemita. Como o país pôde cair no mesmo abismo extremista depois de ter sobrevivido aos horrores do nazismo (era na Polônia que ficava o maior campo de concentração, o de Auschwitz) e à aridez do regime comunista (a Polônia integrou o bloco soviético de 1944 a 1989)? Como pôde optar pelo regresso após quase três décadas de construção da social-democracia?

Para tentar entender esse mergulho na extrema direita — análogo à situação brasileira —, resolvi conversar com a jornalista e historiadora americana Anne Applebaum, que tem observado de perto a recente ascensão de governos de extrema direita na Europa, especialmente na Polônia, onde vive. Applebaum, que já foi editora da prestigiosa revista inglesa *The Economist* e colunista do jornal americano *Washington Post*; hoje, trabalha na revista *The Atlantic*, para a qual escreve sobre o autoritarismo contemporâneo sobretudo na Europa

Central e do Leste, além de coordenar uma pesquisa sobre propaganda e desinformação na Universidade Johns Hopkins, de Washington.

Fui atrás de Applebaum por dois motivos. Primeiro, porque ela escreveu um dos livros mais cirúrgicos de 2020, *O crepúsculo da democracia*, no qual traça o perfil de personagens europeus e americanos que desembarcaram do projeto humanista lançado no fim da Guerra Fria para aderir à nova geração de ideologias reacionárias. Segundo, porque parece voltar a soprar, no Ocidente, a brisa do respeito à ciência, ao diálogo, ao meio ambiente, ao bom senso. Pelo menos é o que dá a entender a vitória de Joe Biden sobre Donald Trump, o maior símbolo do que vem sendo chamado de tecnopopulismo. Achei importante entender esse passado para iluminar o caminho das pedras que pode nos levar para fora dessa turbulência que contaminou a sociedade também aqui no Brasil.

Ganhadora do Pulitzer, o mais prestigioso prêmio internacional do jornalismo, pelo livro *Gulag: Uma história dos campos de prisioneiros soviéticos*, Applebaum foi uma das primeiras a alertar para a transformação de antigos conservadores — que diziam acreditar na democracia liberal — em monstros que se alimentam do nacionalismo econômico, do isolacionismo, da negação à ciência, dos ataques aos grupos excluídos, do exercício constante do ódio e da tentativa de controle sobre a mídia, a polícia e o judiciário. Ela diz que não nos cabe chorar o leite derramado, mas criar um movimento — uma frente ampla, pluripartidária, interligada por interesses comuns — capaz de brecar o radicalismo de direita.

"O primeiro passo é identificá-los e não elegê-los", comentou Applebaum, de forma seca e didática, quando a entrevistei, em dezembro de 2020. "Porque assim que ganham a eleição, começam a mudar as instituições. O partido que governa a Polônia, por exemplo, nem sempre foi radical e extremista. Durante muito tempo, ele pareceu apenas conservador, e foi desse modo que ganhou a primeira eleição, em 2015. Mas, assim que chegou ao poder, começou a alterar o sistema." Um dos primeiros passos do partido Lei e Justiça foi tomar o controle da televisão estatal. "A emissora, que era neutra e tediosa, foi transformada em uma plataforma de difamação contra oponentes, de forma bastante unilateral e tendenciosa", explicou. Para além disso, o Lei e Justiça dominou o tribunal constitucional, passando a ter uma influência nefasta e desmesurada na Justiça do país (semelhanças com os ataques que vemos ao STF e a indicação de membros ultra-alinhados ao Palácio do Planalto não são mera coincidência).

Perguntei que dicas ela daria ao Brasil, que parece enfrentar, com um pequeno atraso, a situação atravessada pela Polônia desde 2015. "Não os deixem dominar a mídia e, sobretudo, não os deixem alterar o sistema judicial", respondeu, de bate-pronto. "O fundamental é tentar convencer as pessoas de que essas coisas que parecem um tanto abstratas importam. Vendo juízes de togas no tribunal de algum lugar distante, as pessoas se perguntam: 'O que isso tem a ver comigo?'. Precisamos fazê-las entender que isso tem muito a ver com a vida delas, sim." Applebaum citou o exemplo da Polônia: "Só mais recentemente, quando esse tribunal ilegítimo começou a tomar decisões controversas, como mudar a lei do aborto, é que muitos jovens perceberam que isso de fato os afetava. É preciso convencer as pessoas de que todo tipo de mudança institucional as impacta. Na Polônia, a oposição falhou nessa tarefa". Trazendo as palavras de Applebaum para a realidade brasileira: precisamos defender as instituições democráticas — Câmara, Senado, Assembleias Legislativas, Supremo Tribunal Federal —, mesmo quando parte das decisões nos parece equivocada. Equívoco maior seria *não* contar com instituições que estão na base do sistema de pesos e contrapesos das democracias.

Tenho dito que a grande ameaça atual às democracias não se dá por meio de tanques de guerra e de soldados. Estamos vivendo o perigo dos golpes "cupim" — aqueles que vão corroendo a democracia por dentro. Trata-se de governos eleitos democraticamente, em sua maioria com uma narrativa populista, usando as falhas disfuncionais das redes sociais para amplificar suas mensagens e minar a estrutura do Estado. Perguntei à jornalista e historiadora como ela avalia a atuação internacional de defesa da democracia.

"Um dos grandes erros que o mundo liberal cometeu, sejam os partidos políticos, os jornalistas ou, em alguns casos, os chefes de Estado, como Angela Merkel e outros líderes da Europa, foi o de não pensar mais a fundo sobre como criar uma contranarrativa", respondeu. "Essa nova extrema direita, tecnopopulista, como você citou, trabalha junta, conectada, e compartilha táticas, consultorias, ideias de propaganda. Aqui na Polônia temos quatro partidos de oposição que não se unem em torno de uma mensagem comum. É urgente a necessidade de criar uma mensagem única em torno dessas grandes ameaças à democracia, encontrando formas de trabalhar juntos. As forças democráticas ainda encaram a política como algo doméstico, nacional, feito apenas dentro das fronteiras. Mas a extrema direita não pensa assim: ela atua internacionalmente, o que é estranho e paradoxal, já que é nacionalista. Até os *trolls* (usuários que postam comentários para desestabilizar uma discussão) da direita fazem as mesmas coisas em diferentes países. O centro, a centro-direita, a centro-esquerda, os liberais, os movimentos verdes, eles não entenderam que precisam trabalhar juntos, contra-atacar juntos."

Concordo com Applebaum. Neste momento tão complicado do Brasil, tornou-se imperativo formarmos uma coalizão que seja capaz de superar a polarização política. É importante fazermos uma curadoria de ideias e pessoas, com um olhar generoso, que acolha projetos de diversos partidos, de diversos locais do espectro político, desde que estejam dentro de um plano comum de defesa da democracia. Sinto falta de alguém que apresente um projeto de país que contemple a todos, e não apenas parcelas da sociedade. "Pense sempre em quem são os seus aliados, mas também em quem poderá ser seu aliado", ensinou-me Applebaum. "Se o projeto é proteger a Amazônia, por exemplo, observe ao redor para entender quais grupos sociais, quais pessoas, quais partidos políticos poderão ser aliados, mesmo que você ainda não os conheça. As velhas coalizões podem não ser mais as corretas."

Qualquer construção depende de arquitetura, de engenharia e de uma boa equipe de execução de obras. Um país funciona da mesma maneira. Já tivemos bons projetos arquitetônicos: o Plano de Metas de Juscelino Kubitschek, a Constituinte capitaneada por Ulysses Guimarães, o Plano Real de Itamar Franco e Fernando Henrique Cardoso, a política social do governo Lula. Mas e agora, que projeto arquitetônico temos? Como a resposta não aparece facilmente, temos a necessidade de uma frente ampla (para usar um termo caro à política atual) que possa sepultar essa ascensão nefasta do extremismo.

Questionei Applebaum se ela considera a eleição de Joe Biden, nos Estados Unidos, um divisor de águas nessa inclinação das sociedades para a radicalização à direita.

"A vitória de Biden é relevante, mesmo que apenas simbolicamente", respondeu. "O simples fato de termos Trump como líder dos Estados Unidos era uma inspiração para a extrema direita em todo o mundo. Ainda assim, seria mais importante, como parte de sua política externa, que Biden começasse a juntar líderes mundo afora para promover a democracia e os valores liberais. Estou falando de algo maior que um projeto de mídia ou de diplomacia. É profundo. O que as nossas democracias podem fazer juntas? Podemos reformar a internet juntos? Podemos constranger as plataformas de internet juntos? Podemos juntos parar a lavagem de dinheiro internacional e o dinheiro sujo que distorcem toda a nossa democracia? Dizer que somos todos uma democracia não é o bastante."

Ao perguntar a Applebaum se não era utópica a ideia de um alinhamento entre direita e esquerda no quadro atual de cancelamento (para usar outra expressão em voga nos debates contemporâneos) generalizado, ela me disse que "ambos os lados políticos se tornaram mais radicais, parcialmente pelo fato de que agora as pessoas estão atuando umas para as outras nas mídias sociais. As discussões que antes aconteciam a portas fechadas agora acontecem na frente de todos. Isso fez com que se tornassem caricaturas". Applebaum comparou os ataques de Donald Trump no Twitter — nos quais acusava republicanos moderados, incentivando sua horda de seguidores a cancelá-los — ao que tem sido feito pela esquerda no meio acadêmico — onde as pessoas se agridem por ninharias, em vez de entender que mais vale a união, já que estão do mesmo lado da trincheira. "Espero que um dia encontremos uma maneira de regular as plataformas sociais, não censurá-las, mas encontrar alguma forma, algum algoritmo, que favoreça o discurso construtivo e um melhor diálogo. Esse é o meu grande desejo para a próxima década", completou. "Muita gente decente gostaria de e poderia estar na vida pública, na política, e não o faz por medo dessa onda de impropriedades, dessas campanhas de difamação, mentiras e ódio. E me preocupa que a qualidade da vida pública sofra por causa disso, especialmente nas democracias."

Nos últimos tempos, as pessoas têm desenvolvido relações exageradamente passionais com os partidos e os políticos. Em vez de uma relação de noivado, deveríamos construir uma relação de clientes-cidadãos — conceito do professor

Wilson Gomes, da Universidade Federal da Bahia —, como se estivéssemos contratando um serviço, e não fazendo um pedido de casamento. Política se faz com ideias, projetos, estudos, cobranças, capacidade de execução — e não com paixão. Se o resultado não satisfaz o cliente, ele deve buscar uma alternativa.

Applebaum lembrou que a social-democracia, na Europa, nasceu de sindicatos e agremiações, de pessoas reais se encontrando no trabalho. A democracia cristã, que compõe os principais partidos de direita e centro-direita por lá, surgiu de movimentos baseados não na religião abstratamente, mas em comunidades religiosas, em pessoas reais que se conheciam em igrejas ou clubes da juventude católica. "Hoje, porém, não está mais clara a conexão dos partidos com as pessoas. Eles perderam sua raiz e seu propósito." Nesse sentido, não surpreende que as pessoas estejam começando novos movimentos políticos na internet — por vezes unidas apenas por um sentimento de desajuste com o mundo atual. Ela acredita que a solução está em voltar o olhar para o que está mais próximo do nosso cotidiano. "Se você conseguir fazer com que as pessoas se motivem a trabalhar em suas comunidades, focando em problemas reais em vez de problemas de guerra cultural, que só as faz sentir raiva, isso pode fazer com que novas pessoas entrem na política."

Como a jornalista e historiadora se referiu a uma "guerra cultural", pedi que opinasse sobre a situação brasileira. "Eu não sou especialista no Brasil, mas posso dizer o seguinte: é ridícula a ideia de que o Brasil conseguirá prosperar, se desenvolver e melhorar a vida de seus cidadãos ao se descolar do resto do mundo", respondeu. "A pandemia nos ensinou que estamos todos conectados, a começar pela rapidez do contágio, causada pelo fluxo global de viagens. Do mesmo modo, as vacinas e os remédios para a doença são soluções globais, que serão distribuídas graças a instituições internacionais. São farmacêuticas americanas trabalhando junto a empresas alemãs; a testagem dessas novas vacinas e tratamentos foi realizada ao redor de todo o mundo, na África do Sul, no Brasil, nos Estados Unidos, na Inglaterra. Todos nós estamos absolutamente integrados no mundo, querendo ou não." E acrescentou: "Os brasileiros precisam se perguntar se possuem um governo que os serve no sentido de integrar o país ao mundo". Um governo que proteja nossa população e nossa natureza.

Um mês depois da minha conversa com Anne Applebaum, o Brasil chegou ao trágico número de 200 mil mortes pela covid-19 (e, como veríamos, o descaso e o negacionismo ainda fariam esse número crescer de maneira exponencial). Mais uma vez, me vi num lugar de privilégio: meu pai, Marcelo Huck, chegou a ser infectado — quadro preocupante, dada a sua idade, 77 anos. Ardeu em febre, mas teve os meios e os cuidados para escapar do pior (sem cloroquina, diga-se de passagem).

Sou filho único por parte de pai, temos uma relação muito forte. Ele é meu amigo de fé, um parceiro com quem divido conquistas e aprendo nas derrotas. Sua família, assim como a de minha mãe, também fugiu da Europa Oriental, mas bem antes, no começo do século XX, para escapar dos pogroms. Fani Guelmann e Moisés Huck, meus bisavós, moravam no vilarejo de Balta, localizado no Império Russo, numa região onde hoje está a Ucrânia. Moisés era um pequeno comerciante, que tocava clarinete em festas, casamentos e bar mitzvahs para complementar a renda. Ele e Fani eram recém-casados quando os pogroms tornaram impossível a vida em praticamente todas as pequenas cidades e vilarejos do interior do czarismo: grupos de milicianos armados, integrados por cossacos e outros povos, passaram a invadir e saquear vilas e pequenas cidades, especialmente aquelas habitadas por judeus. A fuga era uma escolha quase inevitável.

Aconselhados por parentes, partiram para o Novo Mundo, numa rota de fuga aventureira e atormentada. Primeiro, foram para a Argentina. Ficaram uns tempos em Mendoza, onde outros familiares já haviam se estabelecido. Talvez desiludidos com o que encontraram, pautados por outros conselhos, desembarcaram no Brasil, fincando suas primeiras raízes em Curitiba. Lá nasceu meu avô, Abrão Huck, que acabaria se mudando para São Paulo, onde se casaria com minha avó Pérola Carmona.

Para contar a história dos Carmona, recuo mais no tempo, até a Espanha do século XVI, durante o reinado de Isabel de Castela e Fernando de Aragão. Crescia o movimento religioso que buscava transformar a Espanha num país totalmente católico, forçando os judeus a deixarem o território ibérico, ou então a se converterem ao catolicismo — tornando-se assim cristãos-novos, grupo não menos perseguidos do que os judeus-velhos.

Scott Galloway é professor da Universidade de Nova York e um dos maiores pensadores da tecnologia, tido como um guru no Vale do Silício, a região dos Estados Unidos em que estão instalados Amazon, Facebook, Apple e Google.

Esther Duflo é a pessoa mais jovem (e a segunda mulher) a receber o prêmio Nobel de economia. Crítica do atual modelo de capitalismo, ela é a favor de uma renda básica universal para a diminuição da desigualdade.

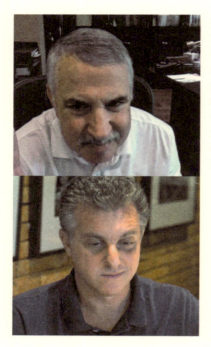

Colunista do jornal americano *The New York Times*, Thomas Friedman diz que o grande desafio atual é de ordem filosófica: precisamos olhar o planeta por meio do prisma da natureza, e não da política, da economia ou da ideologia. "Com a pandemia, a natureza voltou a ter o mundo inteiro em suas mãos", disse.

Após uma carreira de sucesso no ramo da tecnologia, o empresário indiano Nandan Nilekani resolveu servir ao seu país, integrando por cinco anos o governo para criar uma plataforma de identificação digital da população, a Aadhaar, que tem sido extremamente importante durante a pandemia.

Geneticista formado pelo MIT e fundador da Singularity University, Peter Diamandis acredita que a tecnologia deverá baratear o custo de vida das pessoas, dando acesso a melhores modelos de saúde.

Especialista em ética, o filósofo Michael Sandel ministra uma das aulas mais concorridas da Universidade Harvard. Conversamos sobre os vários dilemas morais surgidos durante a pandemia, como as difíceis decisões que médicos foram obrigados a tomar durante o colapso do sistema hospitalar.

Estudiosa da ascensão da extrema direita em países do Ocidente, a jornalista e historiadora Anne Applebaum diz que centro, centro-direita, centro-esquerda, liberais e movimentos verdes precisam trabalhar juntos, conectados, para enfrentar o extremismo.

Luana Génot, fundadora do Instituto Identidades do Brasil, me explicou que o racismo é tão arraigado em nossa cultura, que não agir contra essa herança maldita da escravidão acaba sendo uma forma de perpetuar o erro.

Ex-ministra da Educação e Cultura em Moçambique, Graça Machel diz que a luta contra o racismo passa por mudanças não só no comportamento, mas nas leis, e por políticas de acesso da população negra aos quadros de poder.

O economista francês Thomas Piketty diz que o mundo caminhou demais na direção de um hipercapitalismo, modelo que precisa ser substituído por outro em que o governo tenha mais capacidade de taxar heranças e de agir de forma ativa, por meio de auxílios, para reduzir a desigualdade.

O historiador holandês Rutger Bregman também é crítico do modelo atual de capitalismo, lembrando que o próprio conceito de PIB precisa ser atualizado, já que ele não mede riquezas da economia verde e não vê danos ao ambiente como fatores de prejuízo.

Assim como Rutger Bregman, a economista americana Rebecca Henderson acredita que o PIB não é mais capaz de medir a riqueza de um país. Um capitalismo em que poucos têm acesso a oportunidades perde legitimidade moral e, a longo prazo, torna-se ruim até para quem tem dinheiro.

Indiano naturalizado americano, o professor de relações internacionais Fareed Zakaria diz que o Brasil precisa se perguntar que papel quer ter na nova ordem mundial. Temos uma chance única de liderar os debates ambientais, que dizem respeito ao futuro de toda a humanidade.

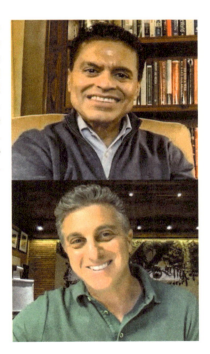

Meus avós maternos, Matilde e Maurício, se conheceram dançando em um baile de judeus expatriados em Montevidéu, para onde migraram fugidos da Europa, na década de 1930.

Bem-humorados, na melhor onda TikTok e um tanto à frente do tempo, na década de 1930, meus avós maternos Maurício e Matilde, em uma praia do Uruguai.

Meu pai, Marcelo (*no alto da escada*), meu tio Flávio (*no centro*) e meus avós paternos, Abrão e Pérola, que não cheguei a conhecer, reunidos na casa da família, na rua Primavera, em São Paulo.

Na década de 1970, com meu avô Maurício e minha avó Matilde, figuras muito presentes e amadas na minha infância. Esse registro foi feito no Guarujá, onde eu costumava passar férias com eles.

Eu com treze anos, em 1984, entre meus pais, Marcelo e Marta, na celebração do meu bar mitzvah, na Congregação Israelita Paulista.

Meu pai e eu, à frente da estátua de John Harvard, na praça central da universidade americana que leva seu nome. A foto foi tirada durante a Brazil Conference, em 2019, quando palestrei no mesmo local onde ele esteve, na década de 1980, como professor visitante.

Eu e os meninos no Muro das Lamentações, em Jerusalém, no ano de 2017. Como eu sou judeu e Angélica é católica, decidimos que as crianças teriam liberdade de escolha. Joaquim e Benício optaram pelo judaísmo; Eva, pelo catolicismo.

Minha parceira, amor da minha vida. A beleza estonteante de Angélica é pequena perto das suas outras virtudes. Ela é a mulher que me ajudou a exercitar a melhor versão de mim mesmo.

Angélica, Benício, Joaquim, eu, Eva e Gringa, um dos nossos sete cachorros. Foto tirada durante nosso isolamento contra a covid-19, para o cartão de Natal do dolorido ano de 2020.

Eu e Angélica em 2003, nos bastidores da filmagem de *Um show de verão*, onde nossa história de amor começou.

Nós em Moçambique, em 2019. Estive por lá gravando um episódio do *Caldeirão* em 2018, e voltei no ano seguinte com a família toda.

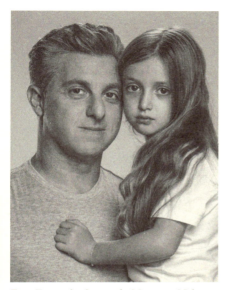
Eu e Eva, pelas lentes de Maurício Nahas, em 2018.

Eu e Benício, no litoral da Tailândia, em 2020.

Eu e Joaquim no metrô de Seul, capital da Coreia do Sul, nos bastidores de uma gravação do *Caldeirão*.

Orbitando em volta da Terra em 2020, a foto da nossa família colada na escotilha da Estação Espacial Internacional (ISS, em inglês). Fomos parar lá pelas mãos do meu amigo, o astronauta americano Chris Cassidy, em sua terceira expedição espacial, dessa vez como comandante.

Acuadas, milhares de famílias judias migraram para a Turquia, então sede do poderoso Império Otomano, que as recebia sem obrigar qualquer conversão religiosa. Os recém--chegados passaram a ser chamados de "sefarditas" ("Sefarad" era o nome hebraico da Espanha). Fincaram suas raízes, desenvolveram sua cultura, criando mesmo um novo idioma para se comunicar, o ladino, hoje considerado uma das línguas neolatinas. Para facilitar a identificação, as famílias imigradas eram conhecidas pelos nomes das cidades ibéricas de onde vinham. E assim surgiu o nome da família Carmona. Com a decadência do poder dos sultões, a partir da metade do século XIX, os judeus voltaram a ser perseguidos. Nesse quadro de insegurança, a família Carmona decidiu abandonar a Turquia no início do século seguinte. Tomou um vapor, com as tralhas que conseguiu reunir, e aportou em Santos. Pérola Carmona é fruto dessa história.

Pérola e Abrão se conheceram nos bailes dominicais do Círculo Israelita Brasileiro, realizados no Palácio Trocadero, nos fundos do Theatro Municipal de São Paulo. Casaram-se em junho de 1941, na sinagoga sefardita Beit Yaacov, da rua da Abolição: ele, jovem advogado, formado na Faculdade de Direito da Universidade do Paraná e vindo para a capital paulista a fim de estabelecer sua banca; ela, filha de família humilde, desde cedo trabalhando como comerciária. Como diz meu pai, "o resto da história somos nós".

Quando a pandemia nos atingiu, tive o imenso privilégio de poder parar o trabalho, me isolar em casa e me dedicar àquilo que tenho de mais precioso: a vontade de aprender e a vida em família. Foram meses vivendo da porta para dentro, agradecendo a cada dia por estarmos vivos e com saúde. Mas nunca deixei de lembrar o exemplo de meus antepassados, que sempre se esforçaram para transformar problemas em soluções. Decidi preencher um caderno em branco com anotações. Toda conversa digital que tivesse ao longo do isolamento e resultasse em algum aprendizado — fosse um novo conhecimento sobre economia, fosse uma reflexão sobre a fé — valeria um comentário por escrito. Eu não imaginava completar as páginas em branco antes do fim da pandemia. Estava errado.

Uma dessas anotações registrava uma conversa que tive com o rabino Nilton Bonder na véspera da nossa primeira celebração de Pessach — a Páscoa judaica — em isolamento social. Amigo querido, Bonder me contou algo que diz muito sobre o que estamos vivendo: que a natureza humana, em momentos de dificuldade, tende a reforçar o individualismo. Ele lembrou, no entanto, que o povo judeu sempre conseguiu preservar seus vínculos coletivos, a noção de comunidade, e que isso nos deu força e resiliência para superar momentos muito sofridos da história. Momentos como o que estamos enfrentando agora.

Transcorrido um ano daquela conversa, já atravessamos a segunda páscoa cristã em isolamento, sem muita perspectiva de que seja diferente num futuro próximo. Confesso que, quando ouvi do biólogo, pesquisador de Yale e divulgador científico Atila Iamarino que levaríamos mais de um ano e meio para voltar à normalidade, e que esta jamais seria como a de antes, achei que era exagero. Mais uma vez, eu estava errado.

Estamos vivendo um período terrível de naturalização e banalização da morte, na qual seus números sobem continuamente. Há milhões de pessoas em luto, pela perda de um amigo ou parente, e há outras milhões com dificuldade de viver o luto, já que a realidade parece estar ancorada em uma eterna tragédia. Acordar vivo e com saúde se tornou um ato de abnegação e superação.

Parece difícil dizer isso agora, em meio a uma situação social tão dramática. Mas, como lembrou o rabino Bonder, é a preservação de um senso de comunidade, mesmo em meio aos destroços políticos e sanitários, que nos dará força para a travessia. Por mais distante que a outra margem possa parecer, eu sei que atravessaremos essa ponte. Como fizeram meus bisavós, meus avós e meus pais, eu tenho fé na ideia de que o futuro nos é promissor.

4. Da porta para fora: O poder da educação

Aos dez anos, a casa dela era um plástico preto sustentado por dois pedaços de madeira, restos de uma obra na região. Seu pai, Ubirajara, trabalhava como motorista de coletivo; sua mãe, Jandira, era dona de casa. Os dois criavam os quatro filhos em Viamão, cidade-satélite de Porto Alegre, à época um grande descampado sem qualquer infraestrutura. Tudo em volta era mato alto, era muito difícil morar naquela área, mas pelo menos o terreno era deles. Essas são as lembranças mais longevas da infância de Losângela Ferreira Soares, a tia Lolô.

Os anos passaram e a região pouco se desenvolveu, mas adensou, por estar tão próxima de Porto Alegre. Com o tempo, a tenda de plástico virou uma casa simples de alvenaria. Losângela cresceu, casou e teve quatro filhos ali em Viamão.

Aos sete anos, o primogênito de Lolô, Hendry Henrique, começou a frequentar a única escola pública da região, onde enfrentou dificuldades de aprendizado. Preocupada, a mãe zelosa foi à escola em busca de aulas de reforço para o filho.

A diretora respondeu de forma crua, reflexo da falta de verba e apoio com que ela mesma tinha de lidar: se Lolô soubesse onde encontrar aulas de reforço escolar no bairro, que avisasse à escola, porque ali não havia nada disponível para os alunos com dificuldade. Dura realidade.

Losângela decidiu ela mesma ajudar o filho e — por que não? — também os amigos dele. Ela só havia cursado o primeiro grau, mas isso não a impediu de colocar um banquinho na entrada de casa e dar aula às crianças, que se sentavam no chão em roda, diante dela. Em menos de duas semanas sua casa foi tomada por um grupo de alunos, o que acabaria por mergulhar seu casamento em uma crise. A solução — tanto para as crianças quanto para o matrimônio — estava literalmente na esquina, em frente a uma oficina. "Lolô, tô vendo você dar aula pras crianças nesse frio, não quer usar essa carcaça de ônibus que eu tenho aqui?", perguntou seu Oswaldo, dono da oficina mecânica. O ônibus estava tomado por mato, mas, com um bom trato, daria uma boa sala de aula. Dito e feito.

Hoje, o ônibus segue estacionado, mas agora em um galpão em frente à sua casa, onde funciona a Associação Comunitária Beneficente Tia Lolô, que atende mais de 250 crianças por dia, oferecendo reforço escolar, acompanhamento psicológico, futebol, balé e outras tantas atividades. O projeto custa cerca de 12 mil reais por mês e a renda familiar de tia Lolô não passa de 2500 reais. Como ela paga as contas? Com inúmeras iniciativas como rifas, bingos, eventos e até venda de panos de prato em sinal de trânsito.

Conheci tia Lolô em 2019, através do *Caldeirão*. Queria contar a sua história e, claro, convocar um mutirão para reformar toda a infraestrutura da ONG, deixando as instalações do jeitinho que sua fundadora sempre sonhara. Ao encontrá-la, me senti diante da materialização do altruísmo, de alguém obcecado pela educação, que o tempo todo pensa no outro antes de pensar em si. "O que eu tenho em casa eu sempre dividi", ela me contou.

Ali estavam, na prática, todas as teses sobre geração de oportunidades — sobre o poder transformador da educação, sobre como deveria ser o ensino público no Brasil — que eu ouvia com frequência de especialistas como Priscila Cruz, do Todos pela Educação (ONG especializada na defesa de políticas públicas educacionais), Ricardo Henriques, do Instituto Unibanco (que é mais voltado à gestão de escolas públicas), João Batista Oliveira, do Instituto Alfa e Beto (que tem foco em programas de alfabetização), e Claudia Costin, ex-secretária de Educação do município do Rio de Janeiro e ex-diretora global de educação do Banco Mundial.

Outro interlocutor frequente nessa minha caminhada pela política educacional tem sido Denis Mizne, da Fundação Lemann. Eu costumo dizer que desconfio de quem não dá risada. Pois o Denis, com seu humor sarcástico, é das pessoas mais engraçadas que conheço. Além disso, tem uma habilidade incomum para construir pontes entre a sociedade civil, o terceiro setor e os governos. Ouve todos, arbitra, aponta caminhos. Ele já tinha feito um trabalho marcante no Instituto Sou da Paz, durante a campanha do desarmamento, e, durante a pandemia, foi das pessoas que mais me ajudou a pensar em modelos de educação que podem funcionar no Brasil.

Voltando à tia Lolô: só reformar o local de trabalho de alguém tão apaixonado pela educação não bastava. Por isso, enquanto a obra da nova sede estava em curso, decidi convidá-la para conferir, in loco, o que acontece com um país quando a educação vira política de Estado. Juntos, partimos para Seul, capital da Coreia do Sul.

Pense num país tomado pela corrupção, com parte da população vivendo em favelas, com baixos índices de desenvolvimento humano e de educação, sem compromisso com a sustentabilidade, refém da violência urbana e do subdesenvolvimento. Errou quem pensou no Brasil. Estamos falando da Coreia do Sul até os anos 1970. Naquela época, o país sofria ainda os efeitos tardios da Guerra da Coreia, terminada em 1953, que opusera o norte — dominado pelo regime comunista de inspiração chinesa — ao sul do país — que tinha influência do capitalismo dos Estados Unidos. A Coreia do Sul não tinha escolas suficientes para comportar todas as crianças. Passado meio século, 98% dos coreanos com idade entre 25 e 34 anos possuem instrução equivalente ao ensino médio. O que ocorreu foi uma revolução silenciosa.

A Coreia do Sul é hoje uma democracia pujante e desenvolvida. Erradicou a pobreza, reduziu os abismos da desigualdade, entrou para a vanguarda tecnológica. E mais: reconstruiu seu patrimônio histórico, depredado pela guerra; galgou o topo das listas de desenvolvimento humano; ganhou voz na geopolítica global; e ainda fez jovens de todo o planeta se encantarem com o K-Pop. Na década de 1980, o Produto Interno Bruto (PIB) per capita da Coreia do Sul era menor que o do Brasil. Hoje, é quase cinco vezes maior. Sabe como isso ocorreu? Fazendo da educação prioridade de Estado. Nas últimas décadas, a política da Coreia do Sul conviveu com todo tipo de situação: líderes autoritários, eleições democráticas, governos de direita e esquerda, escândalos de corrupção e mandatários encarcerados, mas o projeto educacional jamais foi questionado. Um motivo? O ministro da Educação é apontado pelo presidente, mas abaixo dele, nas esferas mais próximas do cotidiano das escolas, há dezessete secretários metropolitanos e 176 oficiais distritais de Educação que são escolhidos pela população, em eleições diretas, para mandatos de quatro anos. Ou seja: em épocas de eleição, os sul-coreanos votam para presidente, prefeito, parlamentares e também para quem vai ocupar os postos de oficial de Educação em seu distrito e sua província.

Resolvi mergulhar junto com tia Lolô no sistema sul-coreano de ensino público. Nosso destino foi Songdo, cidade a quarenta quilômetros de Seul, que começou a ser construída há pouco mais de uma década, sobre um aterro do tamanho de Curitiba, como um modelo de cidade pensada para o futuro. Para se ter uma ideia, a cidade não tem coleta de lixo: a estrutura subterrânea comporta um sistema de tubos, interligados a todos os prédios, que leva os rejeitos direto às fábricas de reciclagem (o que não pode ser reciclado é incinerado). Claro, uma cidade assim moderna não poderia deixar de ter um sistema educacional igualmente avançado.

Vimos isso ao vivo com a ajuda de Soleiman Dias, professor nascido no Ceará que dirige uma escola internacional em Songdo (sua instituição é privada, mas ele nos levou para conhecer as escolas públicas, que conhece igualmente bem). "Essa escola pública que iremos visitar tem 98% de permanência dos alunos até a formatura", nos disse o brasileiro quando lhe perguntei sobre evasão escolar na Coreia do Sul (no nosso país, a evasão no ensino médio é de 12,3% — seis vezes maior). "Se um aluno deixa de ir à escola por três dias seguidos, é feita imediatamente uma visita à sua casa", continuou. Soleiman nos contou também que o Estado capacita, recicla e avalia os professores. "A escola é um templo, e os professores são pessoas sagradas", conta. Uma pequena parte dos professores tem mais de cinquenta anos, e boa parte do meio milhão de professores da rede pública foi recrutada entre os 20% melhores alunos do ensino médio. Bons alunos viram bons professores.

O que a visita à Coreia do Sul deixou claro, ao menos para mim, é que o Brasil não precisa reinventar a roda para solucionar a educação. Apesar dos problemas crônicos, creio que houve avanços nessa área, com bons exemplos de políticas regionais, como os da cidade de Sobral, no Ceará (que deu um salto exponencial em alfabetização depois de adotar medidas de valorização dos docentes e dos alunos), ou do estado do Espírito Santo (que teve o maior avanço no Ideb — o Índice de Desenvolvimento da Educação Básica, que mede as taxas de aprovação e o desempenho dos alunos — entre os anos de 2013 e 2017, durante um dos governo de Paulo Hartung).

Aliás, Hartung é uma das peças fundamentais nesse meu mergulho atrás do conhecimento. Nestes últimos dois anos, é ele a primeira pessoa com quem converso no dia: nos falamos pelo telefone, às sete da manhã, faça sol ou faça chuva. Hartung tem sido meu GPS político, me ajudando a fazer uma curadoria de pessoas com vocação pública e com conhecimento técnico em áreas necessárias para a construção de um país mais eficiente e afetivo. Comandou o Espírito Santo por três vezes, com resultados expressivos em gestão e educação. Certa vez, durante uma palestra em uma universidade de Vitória, brinquei que, se eu fosse o Karatê Kid, Hartung seria o mestre Miyagi, me ensinando a ter paciência, a ouvir, a entender o tempo da política, a desenvolver minhas melhores habilidades. Esse encontro privilegiado tem sido importante para transformar minha vocação pública não só em desejo, mas em realidade.

Além do Espírito Santo e de Sobral, no Ceará, um exemplo de sucesso na educação que me encanta em especial é o das escolas de ensino médio em tempo integral, uma parceria da sociedade civil com o estado de Pernambuco. Acho que vale explicar esse caso em detalhes. Em 2007, quando a política de tempo integral ainda não havia sido adotada, Pernambuco ocupava o 21º lugar no ranking nacional de educação. Dez anos depois, com 47% de suas escolas estaduais em regime integral ou semi-integral, o estado já tinha dado um salto impressionante, para a terceira colocação. Quando escrevo este livro, no começo de 2021, Pernambuco é o estado com mais escolas estaduais de ensino médio em tempo integral: 438. Os resultados disso são:

1) Salto no Ideb: alunos do estado que estudam em escolas públicas em regime parcial têm uma média de 4,0 no Ideb; alunos de escolas em tempo integral, 4,7. É um aumento considerável quando se tem em mente que a média de alunos de escolas particulares é de 6,0.

2) Aumento de 17% na chance de um aluno ingressar no ensino superior, de acordo com um relatório publicado pelo Instituto Sonho Grande, ONG especializada em estabelecer parcerias com os estados para melhorar a rede pública de ensino.

3) Um aumento salarial de 18% para alunos egressos de escolas de regime integral, quando comparados àqueles formados em regime parcial.

O relatório do Instituto Sonho Grande, publicado em 2021, também concluiu que um ano de português e matemática no regime integral equivale a três anos do que é aprendido pelos alunos das escolas em regime parcial. No fundo, o que se tira daí é que a atenção mais ampla, por parte dos professores, gera alunos mais preparados. Quer ver outro dado impressionante? O ensino integral ajuda a diminuir desigualdades raciais. Isso mesmo. Quando se analisa a diferença salarial entre brancos e negros saídos de escolas convencionais, o grupo de pessoas negras tem ganhos 10% inferiores. Para alunos egressos do ensino integral, essa diferença não existe mais. Ou seja: educação de qualidade é também uma ação afirmativa contra o racismo estrutural e a nossa herança escravocrata.

Educar é investir no enriquecimento do país. Uma estimativa do economista Naercio Menezes Filho, coordenador do Centro de Gestão e Políticas Públicas do Insper, mostrou que o trabalhador que possui o ensino médio completo ganha em média 212 reais a mais por mês do que aquele que não o possui — e essa diferença salarial impacta não apenas esse trabalhador, mas as oportunidades que serão dadas às futuras gerações da sua família. Se o Brasil quer reduzir as desigualdades, eliminar a pobreza extrema, gerar soluções urbanas e transformar investimento em produtividade, a educação tem que ser nossa prioridade número um.

Na quarentena, tive boas conversas sobre educação com três pensadores estrangeiros: o empresário indiano Nandan Nilekani, o médico greco-americano Peter Diamandis e o historiador holandês Rutger Bregman (eles voltarão a aparecer mais adiante no livro, mas já destaco aqui alguns de seus ensinamentos).

Nilekani é um especialista em tecnologia, responsável por construir um sistema de identificação digital e uma plataforma de educação na Índia. Pensando em como resolver o problema do ensino em grande escala (afinal, em um país com mais de 1 bilhão de habitantes, tudo tem que ser tratado em escala), ele e a esposa, Rohini Nilekani, criaram um software chamado Sunbird, que acabou sendo incorporado a um programa nacional de educação, chamado Diksha.

"O que fizemos, basicamente, foi criar uma maneira de conectar o aprendizado digital ao aprendizado físico", me explicou Nilekani. Para que isso ocorresse, eles montaram uma plataforma digital de ensino que era conectada aos livros didáticos através do código QR. "Digamos que nosso livro seja sobre ciência e que exista um capítulo sobre o sistema solar. Haverá então um código QR no livro, que exibirá um conteúdo pelo telefone celular. Isso conecta o mundo físico do livro, com o qual todos estão familiarizados, com o mundo digital." Nilekani me contou que essa tecnologia acabou sendo muito útil durante a pandemia, com o conteúdo dos códigos QR sendo ampliado e atualizado para substituir as aulas físicas. "Neste momento, as escolas indianas estão oficialmente fechadas, e essas ferramentas têm sido bastante úteis."

Já Peter Diamandis, um médico e empresário greco-americano que fundou a Singularity University, na Califórnia, mencionou outro exemplo de tecnologia sendo usada a serviço da educação: um aplicativo chinês de aprendizagem que utiliza a câmera do smartphone para ler a expressão no rosto da criança. "O aplicativo identifica se ela está assistindo a uma aula e respondendo às questões de maneira animada, ou se o exercício a deixa entediada, perdida", contou. "E então o próprio aplicativo pode trocar de aula, começar de novo, tentar uma nova abordagem do assunto, se perceber, pela expressão facial da criança, que ela está com dificuldades." Claro, uma ideia como essa suscita inúmeros problemas éticos — entre eles o controle do Estado. Como diz o historiador israelense Yuval Noah Harari, esses dados devem estar sob os cuidados de uma autoridade sanitária ou educacional, jamais de uma autoridade com poder de polícia. Um segundo problema é a própria ideia de que há um padrão na expressão facial das crianças. Ainda assim, é importante saber que tal tecnologia existe e que está sendo usada em larga escala em algum lugar do mundo.

Diamandis acredita que "milhares, talvez dezenas de milhares de empreendedores" estejam trabalhando em projetos desse tipo no momento. "Daqui a um ano, eles aparecerão, e eu aposto que teremos boas opções educacionais." Uma das consequências, segundo ele, será uma educação mais barata e, portanto, disponível para mais pessoas.

Quem também falou sobre o tema foi o historiador holandês Rutger Bregman, autor de *Utopia para realistas* — best--seller traduzido para mais de quarenta idiomas. Ele concorda com Diamandis no sentido de que a tecnologia é fundamental, mas faz uma ponderação sobre hierarquia e criatividade, e defende a importância da educação presencial: "Eu acredito em um sistema educacional no qual as crianças tenham um pouco mais de liberdade", explicou. "As escolas tradicionais ainda são esses lugares hierárquicos onde os professores sabem tudo e tentam enfiar esse conhecimento nos cérebros dos estudantes. Mas a criatividade surge com a liberdade, com a possibilidade de as crianças decidirem por si mesmas o que elas acham interessante. A escola do futuro não deveria preparar as pessoas para ganhar dinheiro e ser bem-sucedidas, mas para viver uma vida bem vivida, para tentar acrescentar algo à sociedade."

Quando estive na Coreia do Sul com tia Lolô, pude ver de perto a necessidade dessa abordagem mais humanizada. Nos últimos cinquenta anos, a educação no país foi norteada pelas ideias de perfeição e competitividade, o que gerou efeitos colaterais terríveis, como um dos maiores índices de suicídio entre jovens do planeta, tamanha a pressão pela excelência. Isso levou o país a iniciar um novo ciclo, incentivando o desenvolvimento de outros atributos, como empatia e criatividade.

No Brasil, a discussão é mais básica, anterior até a esses conceitos elencados por Bregman. Temos mais telefones celulares do que pessoas — o que nos torna um país digitalizado. Nosso sistema de ensino público, no entanto, continua muito analógico: de acordo com um levantamento recente da Fundação Lemann, 40% das escolas públicas ainda não têm acesso à internet de banda larga. E, das que têm, o acesso dá conta apenas do uso administrativo. Quanto aos alunos, o quadro é igualmente complicado: 42% não têm equipamento ou pacote com dados suficientes para participar de aulas remotas. Ou seja: temos telefones nas mãos dos professores e dos alunos, mas precisamos dar a eles condições de usar esse equipamento em prol da educação.

Na pandemia, esse quadro de desigualdade digital entre escolas públicas e particulares ficou ainda mais acentuado. A inércia do Ministério da Educação gerou um esforço de boa parte das redes municipais e estaduais, que tentaram, mesmo sem as condições ideais, manter os alunos estudando por meio de aulas digitais, pela TV ou por apostilas. O pouco de sucesso que se obteve foi mérito dos professores e gestores escolares.

Milhões de alunos da rede pública ficaram meses sem ter aulas durante os anos de 2020 e 2021, aumentando assim a distância que já existe em relação a alunos de colégios privados, que continuaram sendo ensinados à distância. A médio prazo, isso pode gerar um aumento no quadro de evasão escolar, que já tende a ser um problema sério no Brasil. Pode estar havendo também uma enorme pressão familiar para que os jovens contribuam de alguma forma para a renda familiar, afetada pelo desemprego. O quadro é grave.

Em Viamão, tia Lolô teve que fazer das tripas coração para amparar seus alunos durante a pandemia. O encontro presencial das crianças ficou inviabilizado, então ela se engajou em campanhas de doação de cestas básicas para mais de trezentas famílias de alunos. A escola pública de seu bairro também ficou fechada e dependente do trabalho hercúleo dos professores para tentar dar continuidade às aulas de maneira remota em um sistema educacional que não estava preparado para isso.

Na minha conversa com Yuval Noah Harari, perguntei a ele se a pandemia poderia aprofundar ainda mais as desigualdades digitais ou, ao contrário, acelerar as mudanças necessárias. "São as nossas escolhas que vão definir isso", ele disse. "Em algumas escolas, você pode continuar ensinando quase como de costume, para que os alunos não sejam muito prejudicados. Em outras, isso é impossível, pois elas não têm infraestrutura e os alunos não têm acesso à internet ou a computadores em casa." O desfecho, em um cenário ideal, é de governos investindo mais para fechar essa brecha digital, não apenas na educação, mas no mercado de trabalho e em outras instâncias. "Ou seja, também existem oportunidades nessa crise. É uma escolha de onde investimos nossos recursos."

Para buscar ideias que possam ajudar a solucionar questões como essa, tenho me aproximado do que é avaliado como o que há de melhor na educação mundial. Desde 2015, participo da Brazil Conference, um encontro promovido por estudantes brasileiros da Universidade Harvard (de onde saíram oito presidentes americanos) e do MIT (o Massachusetts Institute of Technology, a mais reputada universidade de tecnologia dos Estados Unidos). A conferência reúne desde estudantes a líderes nacionais para a discussão de temas relacionados a política, economia, cultura e sociedade.

Em 2015, aproveitando minha ida à conferência, fizemos para o *Caldeirão* uma matéria em Boston com quatro jovens bolsistas brasileiros que tinham entre dezenove e 21 anos: Tabata Amaral, Renan Ferreirinha, Henrique Vaz e Larissa Maranhão Rocha. Na ocasião, pedi para cada um deles escrever um bilhete a alguém importante que os tivesse ajudado a chegar a Harvard. Quase todos destacaram o apoio da família para conseguir transformar suas vidas por meio da educação.

Parte daqueles jovens eram bolsistas da Fundação Lemann, iniciativa do empresário e filantropo Jorge Paulo Lemann. Desde 2002, Lemann tem feito investimentos de impacto na área da educação, com bolsas para alunos brasileiros em universidades estrangeiras ou capacitação de líderes que atuem nessa área, de forma a ajudá-los a resolver os problemas sociais do país.

Conheci Jorge Paulo no início da década de 2010 em um almoço em seu escritório, em São Paulo (lembro que à época estava ansioso pelo encontro e imaginei que seria um almoço de pompa e circunstância, mas foi algo bem simples, com comida caseira servida em pirex — uma grata surpresa, a primeira de muitas que nossa relação possibilitou). Desde então nossa troca de ideias e projetos vem se encorpando. Num dos vários outros almoços que ocorreram nos últimos anos, Jorge Paulo lamentou não ter dedicado no passado o mesmo tempo, dinheiro e energia que dedica hoje à formação de novas lideranças. "Se eu tivesse começado a fazer isso quarenta anos atrás, talvez o país fosse outro", ele disse.

Dois daqueles jovens que entrevistamos para o *Caldeirão* em Harvard acabariam ficando mais famosos em 2018: Tabata Amaral foi eleita deputada federal (pelo PDT de São Paulo, do qual não faz mais parte) e Renan Ferreirinha se tornou deputado estadual pelo PSB no Rio de Janeiro (em 2020, ele assumiu a Secretaria de Educação da capital fluminense, durante o terceiro mandato de Eduardo Paes como prefeito).

Minha relação com Tabata Amaral era anterior ao programa em Boston. Ainda jovem, com dezoito anos, ela havia sido jurada do "Soletrando", quadro do *Caldeirão* que tem o objetivo de contribuir para aumentar os índices de alfabetização no país. Anos depois, quando voltamos a conversar, ela me surpreendeu, dizendo que seu sonho era ser presidente da República. Desde então, venho acompanhando de perto sua trajetória.

Tabata tem uma história de vida extraordinária. Nasceu em um lar extremamente pobre, no bairro de Vila Missionária, na periferia de São Paulo. Estudou em escola pública até os catorze anos de idade, quando conseguiu uma bolsa de estudos para um colégio privado depois de ter um bom desempenho na Olimpíada Brasileira de Matemática das Escolas Públicas. Dali, a ascensão foi — literalmente — meteórica, já que ela se formou em astrofísica, com bolsa integral, na Universidade Harvard.

Em 2017, Tabata entrou para o curso de formação do RenovaBR, movimento que nasceu da cabeça do meu amigo Eduardo Mufarrej com o objetivo de qualificar quadros para a política nacional. Gostamos de chamar o RenovaBR, do qual faço parte, de "a maior escola de democracia do Brasil" — e, não à toa, os alunos pertencem aos mais variados espectros políticos (temos a preocupação de manter a maior paridade possível entre homens e mulheres). Em 2018, dezesseis parlamentares de sete partidos (Rede, PDT, Novo, DEM, PSL, PSB e PPS) foram eleitos após participar do curso de formação do RenovaBR. Tabata Amaral estava entre eles. Hoje, na Câmara, ela é uma das lideranças mais ativas na defesa da educação como prioridade de Estado.

Estou convencido de que o Brasil precisa de novas lideranças para se tornar um país mais justo. Quanto mais mergulho no universo das políticas públicas, mais sinto que o nosso problema não é a falta de ideias nem de dinheiro, mas, sim, de capital humano, das melhores sinapses dedicadas a servir. Sempre digo que podemos reunir todos os filantropos do mundo que eles não serão capazes de mexer no ponteiro das desigualdades. Só quem tem esse poder é o Estado, e o Estado é gerido pela política, e a política precisa de pessoas capacitadas.

Um amigo indiano, Shiv Kempla, tem uma receita em quatro etapas para identificar líderes (ele aplica o modelo em escolas públicas da Índia). O primeiro passo é encontrar pessoas que tenham carisma, borogodó. O segundo é identificar se essas pessoas têm também capacidade de execução. Essas duas características ainda não são suficientes, já que tanto Hitler quanto Gandhi tinham ambas. O que diferenciava o pacifista do genocida era o terceiro ingrediente, aquele que separa o joio do trigo: ética. Para a receita ficar pronta, acrescenta-se altruísmo, o desejo de trabalhar em prol do outro, da sociedade. Junta-se tudo isso e você tem um líder.

Aqui em casa tenho uma espécie de mantra que vivo repetindo aos meus filhos: na vida, precisamos exercitar a criatividade, mas, sem iniciativa e capacidade de execução, os bons projetos não passam de ideias ao vento. O RenovaBR não foi uma ideia ao vento. Mufarrej e eu nos demos bem desde o primeiro encontro. A ponte foi feita por Claudio Szajman, um amigo em comum, que disse ver tanto em Mufarrej quanto em mim uma vocação pública, uma vontade de dedicar tempo e energia para fazer do Brasil um país melhor. Ele estava certo. Nosso primeiro encontro foi em 2016, no escritório da Tarpon — fundo de investimento do qual Mufarrej era sócio. De lá para cá nossa relação se fortaleceu, e uma amizade fraterna se consolidou. Enxergamos essa necessidade de formação de novas lideranças que elevem o sarrafo da ética a um patamar bem mais alto, a despeito de diferenças ideológicas.

Nos meus perfis nas redes sociais, me defino como "curioso". Minha curiosidade me trouxe aonde estou hoje. Não sou um técnico com conhecimento profundo sobre uma área específica, mas gosto de aprender, de tentar ver o mundo pela lente do outro. Na televisão, sempre busquei me colocar em situações que não conhecia, em locais que não conhecia, com pessoas que não conhecia, para que a surpresa, tanto a do público quanto a minha, pudesse ser de alguma forma similar. Foi nessas andanças pelo desconhecido, nos últimos vinte anos, que construí uma boa relação com as Forças Armadas. Em um caça da Força Aérea, pude viver a experiência de romper a barreira do som; a bordo de um navio da Marinha, experimentei as agruras de um dos lugares mais inóspitos do planeta, a Antártida; com o Exército, fiz um curso de sobrevivência na selva — todas as três experiências registradas como conteúdo do *Caldeirão*. Mas nenhuma delas foi tão impactante quanto acompanhar uma missão humanitária no coração da Amazônia.

O caso ocorreu em 2019, quando peguei carona no navio de assistência hospitalar *Comandante Montenegro* durante uma missão da Marinha pelas comunidades ribeirinhas do rio Juruá (ela já durava cinco meses, com os médicos visitando os ribeirinhos de casa em casa, para realizar exames e fornecer eventuais remédios). Ao atracarmos perto de uma vila, vi uma casa muito pobre, de palafita, com a estrutura de telhado de alumínio apoiada sobre algumas ripas de madeira, mas ainda sem paredes. Lá morava o casal — Maria e Alailson — e seus três filhos. A única coisa que havia na casa era um colchão de casal, onde dormiam os cinco, e uma cortina que separava esse cômodo do resto. Grávida do quarto filho, Maria, aos

26 anos, nunca havia se consultado com uma ginecologista — situação prontamente resolvida pela Marinha, que a recebeu no navio hospitalar. Maria conseguiu ver, por exame de ultrassom, que teria uma menina. Foi uma alegria.

Durante aquela visita, duas outras coisas me chamaram a atenção. A primeira foi uma construção bem-acabada, à direita da casa, que me contaram ser uma escola. A segunda foi saber que os pais de Alailson ligavam o gerador uma única vez por semana, aos sábados, justamente para ver o *Caldeirão*. Remamos até uma pequena baía onde moravam seu Clóvis e dona Diolinda. Não havia chance de eu sair de lá sem conhecê-los. Isso é parte da magia da televisão para quem trabalha nela: chegar aos rincões do país, nas profundezas da Amazônia, onde você nunca sonhou em estar, e ter a honra de ser recebido com carinho, como se fosse um parente querido.

A casa era também de palafita, mas com paredes de madeira, pintadas de verde. Era lá que Diolinda, de 68 anos de idade, morava desde os seis. A televisão estava sobre uma mesa, bem no meio da sala, coberta por um lençol, e debaixo de uma imagem de Nossa Senhora. Nesses momentos, também, é que você entende a responsabilidade que tem ao falar numa plataforma tão poderosa como a TV aberta num país do tamanho do Brasil.

Diolinda me contou que teve treze filhos, e que ela e seu Clóvis ainda conseguiam ser apaixonados. O marido me contou que passava quase o mês inteiro moendo mandioca. O esforço rendia pouco dinheiro, já que sua canoa não suportava mais que cinquenta quilos, e ele estava a horas de distância de Tefé, o mercado consumidor mais rico da região. Durante toda a conversa, notei a presença de uma menina no canto da sala: cabelos pretos, olhar altivo, prestando atenção em tudo; devia ter a idade da minha filha. Resolvi puxar um dedo de prosa com ela. Chamava-se Eliane.

Eliane me contou que frequentava a escola — aquela próxima à casa de Maria e Alailson — e que queria ser juíza quando crescesse. Fiquei surpreendido positivamente: era impossível dissociar aquela resposta do fato de que a vila contava com uma escola. A educação estava ampliando o universo de Eliane, dando a ela o direito básico e fundamental de sonhar. Mas também não pude deixar de pensar em todas as barreiras que as injustiças do Brasil colocavam entre ela e esse sonho.

Por que menciono essa história? Porque, nas últimas décadas, o Brasil conseguiu construir uma escola que atende à diversidade étnica e à amplitude geográfica do nosso país. Foi um avanço importante no processo de redemocratização. Mas falta agora dar o passo seguinte: qualificar essa escola, para que todos larguem do mesmo lugar, com oportunidades geradas de maneira igualitária e democrática.

Os saudosistas costumam ter como referência as escolas públicas da década de 1970, como se fossem um excelente modelo de educação, mas o fato é que se tratava de uma escola sobretudo branca e elitista. Hoje, temos 180 mil escolas no Brasil, com quase 50 milhões de crianças matriculadas, um recorde a ser comemorado. Isso só foi possível graças à emenda constitucional nº 59, de 2009, que criou o Fundo de Manutenção e Desenvolvimento da Educação Básica e de

Valorização dos Profissionais da Educação, o Fundeb. Foi só a partir de então que o ensino médio se tornou obrigatório. Hoje a escola está nos lugares mais distantes dos centros urbanos. Qualificar a educação no Brasil não depende de cimento e tijolo. As escolas estão construídas, os recursos estão garantidos no orçamento obrigatório. Para quem acredita, como eu, que a educação é a ferramenta mais poderosa para reduzir as desigualdades, as condições básicas estão postas. O que é preciso, agora, é aplicar métodos mais eficientes de investimento. É preciso fazer com que o sonho de Eliane seja não apenas um sonho, mas também uma possibilidade.

5. Da porta para dentro: Andar com fé

As palavras mais difíceis de brotar do teclado estão sendo digitadas agora, uma a uma, pausadamente, como se eu estivesse catando milho. É uma manhã silenciosa. O sol penetra no escritório, filtrado pela copa das árvores. O restante da casa ainda dorme.

Na lógica deste livro, em que capítulos da porta para fora se intercalam com os da porta para dentro, enfrento agora o mais doloroso de todos.

Quero falar dos momentos em que a vida sai do nosso controle, aqueles momentos que independem de nós e dos nossos desejos, e que nos fazem compreender da maneira mais dura o que até então não havíamos compreendido. Pelo menos para mim foi assim, num momento desses, que entendi o significado das minhas limitações.

A manhã em que escrevo estas palavras em nada se compara à de 22 de junho de 2019. Foi nessa data que eu soube que a distância entre a felicidade plena e o caos, entre a paz e o terror, entre o céu e o inferno, é milimétrica — e que tudo muda com um sopro.

Nos relatos deste livro, me dispus a enfrentar momentos às vezes dificílimos, como o acidente aéreo a que sobrevivemos em família. Mas agora mergulho em um episódio ainda mais aflitivo e aterrorizante para mim: o acidente do nosso filho Benício. Menino incrível e cheio de talentos, Benício é a cópia fiel do meu avô Maurício. Corajoso, mas não destemido, calibra sua ousadia na medida certa. É aquele tipo de filho que coloca sobre os pais ainda mais responsabilidade — sempre cuidadoso, nunca se joga em algo sem analisar os riscos. Com o endosso de que "dá para ir", ele vai. Sempre foi assim, desde muito pequeno.

Benício é também uma pessoa carinhosa e fraterna. Imagino-o no futuro como aquele cara que sempre vai topar mais uma conversa, mais uma volta, um sanduíche na madrugada. Sempre foi o meu pequeno companheiro de aventuras — na terra, no mar e no ar. Sou louco pelo Beni, e ele sabe disso.

E lá estava o meu filho do meio, com a cabeça toda enfaixada, os olhos ainda cerrados, depois de mais de seis horas de uma delicadíssima cirurgia intracraniana. Angélica e eu ao lado da cama, destruídos, sem chão, sem rumo. Naquele momento, mais do que tudo, eu só queria estar no lugar dele: trocaria minha existência no mundo pela garantia de que ele estivesse bem, sem nem pensar duas vezes.

Poucas horas antes, a fotografia era diametralmente oposta. Se a felicidade tem a capacidade de se materializar, eu a vejo ali. Estávamos na Ilha Grande, uma paradisíaca porção de terra coberta por Mata Atlântica e cercada pelas águas da baía de Angra dos Reis. Trata-se de um lugar de paisagem deslumbrante, parte dela transformada em reserva ambiental. Somos uma família do mar; é nele que gostamos de recarregar nossas baterias, de ficar juntos, de construir nossas melhores memórias. Desde que nos casamos em 2004, Angélica e eu temos mantido o hábito constante de tentar ao máximo estar juntos fora da rotina, da cidade, sempre que a agenda do dia a dia permite. E assim tem sido.

A infância dos nossos filhos é muito diferente da infância que tivemos, eu em São Paulo, filho de professores universitários, um advogado e uma urbanista, e Angélica em Santo André, no ABC paulista, filha de um metalúrgico e de uma dona de casa.

Desde o nascimento de Joaquim, nosso primeiro filho, em 2005, temos nos mantido firmes no manche para que a fama dos pais, as possibilidades, o tamanho da casa onde moram, as viagens pelo mundo ou a conta bancária não tenham qualquer influência negativa na formação do caráter e nos valores da educação dos nossos três filhos. Uma jornada diária, ininterrupta, que tem tido resultados claros e latentes.

Joaquim já é um adolescente. Um cara curioso e interessado. Posso me sentar com ele em qualquer mesa, com todo tipo de gente, de qualquer lugar, com a certeza de que ele vai se virar. Gente fina, boa companhia, costuma fazer a família cair na gargalhada com um senso de humor inteligente e sarcástico. Eu me enxergo muito nele, vejo muito do adolescente que fui. Meu parceiro, meu amigo. Sou louco por ele.

93

Eva é a menina, a caçula, a princesa da casa — mas uma princesa moderna e revolucionária. Enfrenta os meninos de igual para igual, cheia de opinião. Não pede reforços (apesar de os meninos me acusarem de protegê-la de maneira desproporcional, o que eu confesso ser verdade). Ela é parte importante da alegria da casa. Carinhosa e talentosa. Nasceu para a arte: bailarina, sapateadora, atriz, dançarina, tiktoker. Sou louco por ela.

Naquele sábado de sol forte na Ilha Grande, a família estava toda reunida. Todos juntos, tudo perfeito, a materialização da felicidade.

Mas, em questão de segundos, o caos se instaurou. Beni estava com um par de amigos praticando wakeboard, o esporte aquático em que a pessoa se equilibra numa prancha enquanto é puxada por uma lancha ou um jet ski. Ao cair, teve a cabeça atingida pela própria prancha, que se soltou dos seus pés. Por estar sem capacete, o impacto lhe causou um traumatismo craniano. Essas lembranças ainda latejam e doem neste exato momento, enquanto as ponho por escrito.

À minha volta tenho pessoas que eu amo, que admiro, que são céticas e ateias — posições que respeito. Mas acho que seria soberba da minha parte acreditar que o universo se resume apenas àquilo que está diante dos meus olhos.

Nos últimos anos não foram poucas as demonstrações na minha vida de que há muito mais do que podemos ver e ouvir. Respeito todas as religiões, mas não é delas que estou falando, e sim de espiritualidade; do entendimento de nossas conexões, que vão além do que podemos compreender através da ciência e do conhecimento humano. Na época do acidente aéreo descrito na abertura deste livro, e principalmente naquele sábado de sol na Ilha Grande, foram inúmeras as mensagens de fé que recebemos, de gente que nem conhecíamos, que nos ajudaram a iluminar nosso caminho, reforçando a importância da espiritualidade.

A queda de Beni instaurou o horror súbito. A partir daquele momento, vivemos nossas horas de maior angústia e dor. Hoje, olhando para trás, o sentimento que fica é o de gratidão. Naquela tarde, mesmo em meio ao caos, tudo deu certo. A escuridão trazida pelo desespero foi se iluminando através de manifestações divinas de anjos que foram cruzando nosso caminho até a sala de cirurgia.

Quem conhece a região do Saco do Céu, na Ilha Grande, sabe que por lá não existe sinal de celular. Pois bem, meu celular funcionou. Consegui fazer uma única ligação, para o André, nosso primeiro anjo. André é piloto de helicóptero, meu amigo e fiel escudeiro. Voamos juntos há vinte anos. Ele e Beni se adoram, dividem a mesma paixão por aeronaves. Naquela tarde, ele estava no shopping com a família na Zona Sul do Rio de Janeiro. Em menos de vinte minutos já estava decolando para nos resgatar.

O acidente ocorreu no meio de uma baía da Ilha Grande. O local mais próximo com conexão de celular e estrutura era a praia do Iguaçu, que ficava a dez minutos de lancha. E é lá que mora nosso segundo anjo. Neném é grandão, gente fina, sorridente, sempre disposto a ajudar. Trabalha como caseiro em uma propriedade que já alugamos algumas vezes, e que eu lembrava ter um heliponto. Era o ponto de resgate mais próximo. Mas estava anoitecendo, e, como a Ilha Grande tem poucas edificações, isso significa pouca referência luminosa, o que torna arriscada uma aproximação de pouso em noite de lua nova. Conforme a noite ia caindo, as chances de resgate diminuíam. O jardim da casa, onde o helicóptero pousaria, ia ficando cada vez mais escuro. Foi então que o nosso segundo anjo, que não sabia da minha enorme preocupação em relação ao pouso do André, sugeriu do nada: "Luciano, você quer que eu ligue a luz da quadra?". Ele então acendeu a iluminação de um campinho de futebol que eu nem sabia que existia. Foi essa iniciativa que nos salvou. Com a quadra acesa, André conseguiu nos localizar e pousar em segurança.

O terceiro anjo apareceu em voo. Assim que decolamos, o sinal do celular voltou a funcionar. A primeira ligação que disparei foi para o dr. João Pantoja, amigo e médico de confiança da nossa família. Ele me ouviu com a atenção de sempre, fez um breve silêncio. E pediu para voarmos direto para o Hospital Copa D'Or, em Copacabana, no Rio de Janeiro. E lá fomos nós, vidrados no Beni, conversando com ele para mantê-lo de olhos abertos, lúcido.

Como pais, Angélica e eu vivemos nossas horas de maior angústia na vida. Vi minha mulher, a fortaleza da família, ajoelhada e rezando por mais de cinco horas sem parar. Vi uma mãe se jogar no chão de desespero, entre gritos e lágrimas, na porta de um centro cirúrgico. Senti minha vida perder o sentido em meio a tanto medo.

Minutos antes do início da cirurgia, no desespero daquela situação, recebemos uma palavra de tranquilidade do dr. Gabriel Mufarrej, um dos mais respeitados neurocirurgiões pediátricos do Brasil — e mais um anjo que cruzou nosso caminho. Ele nos olhou nos olhos e disse que Deus nunca havia falhado com ele, e que não seria daquela vez que o faria.

E agora estávamos dentro de um quarto de hospital, estáticos, perplexos, entregues, esperando Beni abrir os olhos. Desesperados em busca daquele olhar sempre doce, carinhoso, bem-humorado e cheio de vida. Ele abriu os olhos, e esse mesmo olhar estava lá.

Dizem que é na fraqueza que reconhecemos a nossa força. Hoje, amadurecido por fatos que não escolhi enfrentar, digo que é isso mesmo. Sinto que em minhas veias corre o sangue biológico, que me mantém vivo, e também um sangue paralelo, espécie de sangue-sopro, imaterial e espiritual. E tem sido significativo percebê-lo, compreendê-lo. Posso dizer, sem medo de errar, que o homem que sou, o Luciano que tem andado por aí, se sente melhor que o Luciano de ontem, graças a essas doses cavalares de espiritualidade.

A espiritualidade é o resultado que toda religião deveria produzir dentro daqueles que a procuram. Vamos imaginar que ela seja um grande oceano, e que os rios que correm em sua direção sejam as diferentes religiões. Ao longo da história, o homem, por vezes, desviou o rumo desses rios, desconectando a religião da espiritualidade. Isso acabou por prejudicar nosso crescimento pessoal e a necessária evolução que possibilita uma convivência mais harmoniosa com nossas insuficiências.

Um aprendizado que a vida tem me proporcionado é este: amadurecer consiste em viver reconciliado com as próprias insuficiências. E elas são muitas — da inabilidade de lidar comigo mesmo à impossibilidade de compreender tudo aquilo que me cerca. Este é o trajeto que percorro todos os dias, sempre pretendendo alterar, ainda que minimamente, o contexto daquilo que atrofia as minhas possibilidades como pessoa.

Escrever este livro tem me feito refletir sobre muitos temas, desde os que me atormentam aos que me fazem sorrir. Mas toda vez que me ponho a pensar sobre o significado da minha evolução pessoal, inevitavelmente caio no território fecundo da espiritualidade.

Sou judeu; conheço minhas tradições e tenho orgulho delas, mas seria exagerado dizer que sou um praticante cioso. À diferença do catolicismo, que possui um vasto conjunto de teologia e ensinamentos, o judaísmo é uma religião com uma doutrina reduzida, mas com muitas condutas que precisam ser observadas diariamente, uma crença que exige mais prática que catecismo. Em função disso, a espiritualidade me conectou de uma maneira mais forte com o que não posso enxergar, tendo uma importância fundamental no meu cotidiano.

Essa postura me permite viver de forma mais esclarecida, comprometido com as escolhas que qualificam minha vida. Uma religião que não transforma o nosso egoísmo em generosidade é estéril. Uma religião que não nos abre ao outro, aos que nos são diferentes, fomentando uma cultura de tolerância e paz, pouco serve à sociedade.

Eu tenho interpretado a mim mesmo desta forma: um judeu aberto ao mundo, como um porto que não faz restrição aos que nele querem ancorar. Esse espírito de abertura me proporcionou muitos bons encontros ao longo da vida. Já a ênfase na espiritualidade me trouxe paz e iluminação, de onde quer que tenham vindo: das sinagogas aos cultos cristãos, dos orixás ao Muro das Lamentações. Nossa família, aliás, é uma verdadeira Babel religiosa: meu judaísmo se mistura à devoção católica da minha esposa, ao fervor evangélico da minha sogra e ao sincretismo que nos cerca.

Posto isso, ficou claro para mim, durante a pandemia, que, além do risco do contágio viral, a saúde mental das pessoas estava sob ameaça. Os relatos de aflição vinham dos amigos mais próximos às pessoas que me escreviam nas redes sociais, independentemente do recorte social ou geográfico. Nessa hora, a espiritualidade, a conexão com algo além do que enxergamos, pode ter um efeito positivo e acolhedor. Pensando nisso, convidei para uma conversa pública duas pessoas que admiro muito: o padre Fábio de Melo e o rabino Nilton Bonder.

O rabino Bonder é um dos homens mais brilhantes que já conheci. Além de religioso, é também um escritor de talento e um intelectual de primeira linha. Alguém a quem sempre recorro, seja para celebrar, seja para pedir acolhimento.

Minha relação com lideranças religiosas começou aos treze anos, quando realizei meu bar mitzvah na Congregação Israelita Paulista. Para quem não sabe, o bar mitzvah é a cerimônia que insere o jovem judeu como um membro maduro de sua comunidade. No início era uma cerimônia folclórica, mas hoje é parte universal do judaísmo. Quando um judeu atinge essa maturidade (aos treze anos de idade para os meninos, e aos doze para as meninas), torna-se responsável pelos seus atos, de acordo com a Torá, que é como chamamos o Antigo Testamento. Nessa altura, diz-se que o menino passa a ser bar mitzvah, filho do mandamento.

Tenho muito orgulho de dizer que foi o rabino Henry Sobel, de São Paulo, quem realizou a minha cerimônia. A partir de então, construímos uma relação de muito carinho e respeito, que atravessou décadas. Pude contar com a sua presença em capítulos importantes da minha vida: momentos de felicidade, como o meu casamento com Angélica, e também de dor, como a morte de Mário, segundo marido da minha mãe. Com a minha mudança para o Rio de Janeiro e a doença do rabino Sobel, criou-se um vácuo nesse espaço de acolhimento. E foi o rabino Nilton Bonder quem preencheu essa lacuna, com sabedoria e afeto, nestas últimas duas décadas.

Já o padre Fábio de Melo chegou à minha vida por caminhos menos óbvios. Antes de conhecê-lo pessoalmente e com profundidade, eu via com desconfiança esse padre/cantor que arrasta multidões.

Isso mudou no dia em que tia Socorro subiu ao palco do *Caldeirão*. Paraense, Maria do Socorro Rodrigues Pereira nasceu num leprosário, onde viveu até que seus pais morressem. Passou alguns anos num orfanato, até ser adotada por um homem que a submeteu a uma infância de violência. Fugiu dessa casa ainda criança, para morar na rua. "Devido a ter visto tanta barbaridade é que eu sonhava em tirar as crianças de lá", ela disse ao *Caldeirão*, em 2017. Reconciliada com a felicidade, criou o Lar Acolhedor da Tia Socorro, uma rede de apoio e de amor em Mosqueiro, no interior do Pará, que adota e cuida de pessoas que não conhecem o conforto proporcionado por um lar. Fizemos uma homenagem a ela no programa, num especial batizado de "Inspiração", em que grande parte do elenco estelar da TV Globo conhece e aplaude brasileiros anônimos que, com pouco, fazem muito por suas comunidades.

A indicação de tia Socorro nos chegou pela Unicef, a agência de educação da Organização das Nações Unidas. No dia da gravação do programa, ela chegou ao palco do *Caldeirão* com um sorriso de orelha a orelha. Nosso primeiro encontro estava sendo exatamente ali, naquele momento, na frente das câmeras, sob os holofotes do estúdio. Ganhei um abraço daqueles que aprecio e guardo na lembrança. Tia Socorro era uma potência. Quando começou a falar sobre como cuidava de quarenta crianças e adolescentes, todos silenciaram, e a emoção tomou conta de nós, as lágrimas se espalhando por todas as mesas. Ao final do discurso, ela emendou: "Luciano, eu sempre sonhei que você e o padre Fábio de Melo chegariam ao nosso Lar Acolhedor em Mosqueiro de helicóptero e me levariam para conhecer o papa Francisco!". O público presente sorriu. Eu levei a sério. Por que não?

Dito e feito. Meses depois, para a surpresa de tia Socorro, lá estávamos eu e o padre Fábio de Melo pousando na ilha de Mosqueiro, primeiro para conhecer o lar — experiência extremamente forte, ainda mais porque um dia antes tia Socorro recebera um menino de oito meses, sem nome, enviado pelo conselho tutelar. Padre Fábio abençoou o bebê e começou a chorar no instante seguinte, emocionado pela possibilidade de um novo futuro que tia Socorro tinha dado àquela criança. "A gente acredita mais em Deus quando conhece gente como a senhora", ele disse.

O segundo motivo da nossa ida ao Lar Acolhedor da Tia Socorro era avisar a ela que queríamos realizar o seu grande sonho: conhecer o papa Francisco. E, semanas depois, estávamos os três no Vaticano, com a cara e a coragem, para tentar fazê-la ser recebida e abençoada pelo santo padre — mesmo que ele não soubesse da nossa vontade.

Embora tenha apenas novecentos habitantes e esteja encravado no meio de Roma, a capital da Itália, o Vaticano é um país independente, com seu próprio conjunto de leis, banco, polícia e passaporte. Naquela semana de junho de 2017, o país recebia mais de 100 mil peregrinos, que estavam lá para comemorar os cinquenta anos da Renovação Carismática Católica. Ou seja: estávamos no meio de uma espécie de Rock in Rio do cristianismo, entre grupos de pessoas que haviam saído dos lugares mais distintos do mundo. E um desses grupos era coordenado pelo pernambucano Gilberto Barbosa, presidente da Fraternidade Católica, que organiza viagens de peregrinação do Brasil ao Vaticano e converte o resultado financeiro em obras de caridade. Meses antes, ele havia nos ajudado a entregar ao Vaticano uma carta com a história de tia Socorro. A resposta havia sido vaga: acenaram com uma "possibilidade" de encontro com o papa. Já era suficiente para nós.

Costumo dizer — e, por favor, não tomem isso como blasfêmia, mas como um sinal de humildade — que Deus tem sido um dos melhores roteiristas do *Caldeirão*. Em Roma, conhecemos por acaso, no meio da rua, mais uma pessoa que ajudaria a realizar o sonho de tia Socorro: frei João, um padre franciscano, brasileiro, que trabalhava havia vinte anos ouvindo confissões na Basílica de São Pedro. Ele morava na Cidade do Vaticano, a três janelas do apartamento do papa, e acabou sendo um guia privilegiado para que tia Socorro conhecesse por dentro o país-sede do cristianismo. Depois, também contaríamos com a ajuda de um arcebispo brasileiro, que colocaria tia Socorro entre outras dez pessoas que cumprimentariam o papa. Quando isso aconteceu, toda a equipe que nos acompanhava se derramou em lágrimas. "Na minha experiência de fé, de tudo aquilo que a teologia me ensinou, nada foi tão concreto quanto a vida de tia Socorro", disse o padre Fábio, no fim daquele dia, enquanto nós três nos abraçávamos.

Desde o nosso retorno de Roma, padre Fábio e eu conversávamos quase diariamente sobre a viagem, tia Socorro e o impacto que ela havia exercido sobre nós. Para mim, ela passou a ser meu ideário de altruísmo. Já o padre Fábio dizia que ela era a materialização do Evangelho a cujo estudo ele havia dedicado a vida.

Estávamos cheios de planos com tia Socorro, mas ela faleceu de repente, de um infarto fulminante, algumas semanas depois da viagem, antes mesmo de o programa ir ao ar. Fiquei desolado. Até hoje, quando penso nela, me vem a gratidão pelo privilégio que tive de conhecê-la em vida, mas também uma tristeza por ela não estar mais entre nós na construção de um país menos desigual. Sei, no entanto, que as sementes que ela plantou seguem gerando bons frutos, seja em Mosqueiro, onde Juliana, sua única filha biológica, toca o Lar Acolhedor da Tia Socorro, seja aqui em nossa casa, pela amizade para a vida toda que ela fez florescer entre mim e o padre Fábio. Hoje, o padre Fábio de Melo faz parte da nossa família, participando intensamente de todos os capítulos das nossas vidas, dividindo nossa intimidade, acolhendo-nos em momentos de dor e sendo acolhido quando precisa.

Padre Fábio costuma dizer que um altruísmo tão abnegado e generoso, como o de tia Socorro, só se aprende na prática: "Eu assumo uma vida virtuosa à medida que faço o cultivo das virtudes. Eu não me torno mais paciente lendo o manual da paciência. Eu me torno paciente convivendo com gente chata. É ali que eu vou aprender". Com o altruísmo é exatamente igual. "É sendo inserido, é convivendo com as pessoas necessitadas, que te exigem, que você vai descobrir se tem condições de ser altruísta ou não. É claro que eu acho importante ler, e tenho incentivado muito a leitura nesses tempos de quarentena, porque é uma oportunidade que a gente tem de ficar acompanhado de gente mais brilhante do que nós. Eu gosto de gente que me faça crescer, que me incomode com suas perguntas, com suas dúvidas, com seu jeito de viver. Mas o processo de evolução não se dá de maneira teórica."

Eu também gosto de viver dessa maneira, de ser incomodado por aqueles que veem o mundo de uma forma diferente da minha. Seria uma ingenuidade, um prejuízo intelectual, estudar somente o que já sei, conversar apenas com pessoas com quem concordo, ler somente sobre o que acredito. Penso que o deslocamento e a abertura para o diferente são as bases para se alcançar uma vida mais virtuosa e altruísta. O padre Fábio ressalta esse ponto com um argumento bem interessante: "Nós não somos naturalmente humanos, nós não somos naturalmente generosos, nós não somos naturalmente pacientes. Nós temos dentro de nós dificuldades que são registradas, que fazem parte da nossa constituição humana. Não sei se Teresa de Calcutá tinha uma facilidade maior para ser generosa. Pode ser que ela tenha tido até mais dificuldades do que nós, só que ela foi uma mulher perseverante. Ela não se acomodou naquilo que ela já tinha alcançado de si".

Foi querendo ouvir mais desses ensinamentos que reuni esses meus dois gurus — padre Fábio e o rabino Bonder — em uma live, em maio de 2020. Achei que seria importante juntar espiritualidade, saber e sensibilidade de duas mentes tão privilegiadas num momento tão delicado da história da humanidade. Afinal, como interpretar esse momento pelo qual estamos passando?

O rabino Bonder lembrou que, antes da pandemia, a humanidade vinha desenvolvendo sonhos de vencer a morte — algo quase onipotente da parte do ser humano. "Mas agora temos que olhar a vida, o que é uma experiência de grande humildade. Quando a gente vê uma situação dessas, as pessoas vão logo imaginando isso como uma praga que foi enviada por Deus ou alguma coisa assim. Mais do que ver como uma intervenção divina, acho que tem aqui um chamado."

Como já mencionei, tanto o rabino quanto o padre participaram de momentos difíceis da minha vida. Nessas horas de dificuldade, a despeito do que tenha acontecido, a sensação que a gente tem é a de que houve uma espécie de chamado, como se uma voz baixinha nos conclamasse a refletir sobre o que se passou. Por isso o rabino Bonder diz que devemos usar esse momento atual, gerado pela pandemia, para escutar essa voz interna que fica soprando alguns direcionamentos importantes para cada um de nós. Essa voz baixinha, para mim, é a espiritualidade.

O padre Fábio lembrou que o Evangelho trata disso: "Todos nós, à medida que vamos sendo formatados pela vida, vamos descobrindo aquela voz interior que aprendemos a ouvir. Muitas pessoas chamam isso de bom senso, de consciência, algumas pessoas chamam isso de Deus. Compreendo que a espiritualidade é resultado justamente da nossa capacidade de ouvir essa voz interior. Aquilo que dentro de nós nos acusa — não na dimensão pejorativa que às vezes a palavra 'acusação' possui, como aquela que vai gerar culpa — para a compreensão cada vez mais aprimorada do valor que nos rege, daquilo que deveria ser a nossa escolha, daquilo que seria mais coerente para nós".

Ele respondeu à frase do rabino de que tendemos a compreender acontecimentos ruins como manifestações divinas. "A ciência nos ajudou tanto a entender a nossa relação com

106

Deus que é inadmissível pensar que Deus crie pragas para nos corrigir, para nos admoestar. Não, criar pragas é uma especialidade humana, nós precisamos compreendê-las como um resultado que nos engloba como um todo. Quando eu compreendo o que me ocorre, estou também recrutando aquilo que em mim é espiritual, que me transcende. Essa voz interior que a gente escuta é a porta para tudo que pode nos espiritualizar."

O padre gosta de distinguir entre espiritualidade e religião: nem tudo que é religioso é naturalmente espiritual; nem tudo que é espiritual é naturalmente religioso. "Às vezes é fazendo o que é errado que nós chegamos ao que é certo. Então, a espiritualidade muitas vezes nos chega a partir de caminhos que não são convencionais." Nesse tempo de reclusão, a leitura que ele faz é a de que muitas pessoas estão acordando para a necessidade de ser mais espiritualizadas. E a de que pessoas que não tinham religião nenhuma de repente estão descobrindo que já praticavam uma espiritualidade.

Vivemos ao longo deste último ano momentos em que sentimos a necessidade de dar colo a muita gente. Vimos as nossas desigualdades locais gerarem situações inaceitáveis. Em meio à dor de centenas de milhares de mortes, conseguimos achar exemplos que nos fizessem ver a nós mesmos como uma sociedade mais fraterna e solidária. Ao mesmo tempo, individualmente, vivemos tempos de muita instabilidade emocional. Além de dar colo, temos que ter a coragem de pedir colo. É fundamental que vençamos o nosso orgulho, que tenhamos a coragem de nos mostrar falíveis.

O dueto de pensamentos e reflexões tomou conta da nossa conversa — ambos os religiosos com uma capacidade admirável de simplificar mensagens às vezes complexas. Eu quis trazer o foco de volta para o campo da solidariedade, do pensar no próximo. Foi a vez do padre Fábio. "O sofrimento do outro nos impacta de uma forma tão arrebatadora porque ele nos coloca diante da nossa vulnerabilidade. E nada pode me tornar mais solidário do que ver no outro aquilo que dói em mim", explicou ele. "Não precisa aparecer, não precisa ir lá tirar foto para não constranger quem está recebendo, quem está precisando. Não é hora de fazer propaganda da caridade. O que a mão direita faz, a esquerda não precisa ficar sabendo. Eu acho que essa mobilização é importantíssima, porque esse movimento de solidariedade nos humaniza. E estou realmente muito encantado com a generosidade e a solidariedade que o Brasil está presenciando neste momento."

Já o rabino Bonder evocou as várias perseguições aos judeus para falar sobre a capacidade de resiliência da humanidade. "Eu sou descendente de uma tradição que passou por muitos momentos de quase extinção. E nós judeus sempre focamos nessa certeza de que haveria saída, e de que não poderíamos deixar de aprender as lições daqueles momentos." O rabino afirma que o atual momento de sofrimento e morte será ainda mais triste se não conseguirmos crescer, se não conseguirmos melhorar como civilização. "O que eu posso querer da vida que não sejam prazeres? A vida tem uma outra dimensão a explorar, uma que é bastante sustentável e não cria poluição: servir. O servir é diferente de algo que você faz para obter prazeres e benefícios a si próprio. O servir oferece a você uma graça. Quando você serve ao mundo, você experimenta uma graça."

Quando padre Fábio e eu visitamos tia Socorro na ilha de Mosqueiro, em 2017, sentamo-nos os três em volta de uma mesa simples, e eu perguntei a ela qual era a fórmula para atravessar uma infância tão difícil e ainda assim ter uma vida adulta tão abnegada, dedicada ao outro com tanta generosidade. Felicidade é algo muito relativo. Tem gente que tem muito e não é feliz. Tem gente que tem pouco e é. Como ela, tia Socorro, encontrara a felicidade?

"Poder ajudar", ela respondeu, com serenidade. "É uma coisa incondicional, que eu não sei explicar. É um amor que eu tenho por todos esses meninos, sem distinção." Como disse o padre Fábio, a gente acredita mais em Deus quando encontra pessoas com a capacidade de amar que tinha a tia Socorro. E, para mim, a capacidade de amar caminha lado a lado com a fé, a espiritualidade.

Este capítulo é dedicado a duas mulheres extraordinárias: tia Socorro e Ana Maria de Melo Silva — mãe do padre Fábio de Melo —, que nos deixou em março de 2021.

6. Da porta para fora: Conectados

"Na maioria dos mamíferos, há uma relação entre dimensão corporal, taxa metabólica e tempo de vida. Isso significa que é possível prever quanto tempo um mamífero pode viver de acordo com seu tamanho. Tipicamente, pequenos mamíferos vivem pouco, por terem um metabolismo muito acelerado. No entanto, há dezenove mamíferos que vivem mais do que o esperado: o *Homo sapiens* e mais dezoito espécies de morcego. Eu acredito que o segredo da juventude eterna esteja guardado no genoma do morcego."

Ouvi essas palavras na palestra da professora Emma Teeling durante o Fórum Econômico Mundial ocorrido na pequena cidade suíça de Davos, no começo de 2020. Mas, afinal, o que uma discussão dessas fazia em Davos?

Emma Teeling é uma pesquisadora do University College Dublin, da Irlanda, que estuda os morcegos em busca de remédios para a surdez e a cegueira. Em décadas de pesquisa, ela contou ter encontrado uma espécie cuja integridade genética era a mesma quando o animal nascia e quando morria. Esse fato levou-a a uma dúvida nevrálgica: por que esse morcego não envelhecia? Será que ele representaria um passo na busca de uma "fórmula da juventude eterna"?

Tais perguntas podem parecer banais, mas suas respostas representariam um impacto monstruoso na economia. Pelas estimativas de Teeling, a população de pessoas com mais de oitenta anos terá um aumento de 170% até 2050. Trata-se de uma vitória da medicina, mas também de um desafio em termos de assistência médica e previdenciária, já que idosos tendem a apresentar mais problemas de saúde. É aí que ela quer entrar com o genoma do morcego: Teeling acredita que um estudo aprofundado do mamífero pode propiciar tratamentos contra o envelhecimento humano, gerando uma economia de 7 trilhões de dólares em cinquenta anos apenas nos Estados Unidos.

Davos é uma minúscula cidade com cerca de 11 mil habitantes, incrustada nos Alpes suíços, que uma vez ao ano vê sua população crescer em número — são em média 3 mil visitantes a cada edição do Fórum — e em importância — entre esses visitantes estão presidentes, empresários, autoridades e acadêmicos dos países mais poderosos do mundo. A transformação de uma vila pacata em um centro de debates políticos começou em 1971, quando o professor de economia Klaus Schwab, da Universidade de Genebra, organizou no local um simpósio com 450 executivos europeus, no intuito de que debatessem — e eventualmente replicassem — modelos da economia americana. Entusiasmado com o resultado, no mesmo ano Schwab fundaria o Fórum Econômico Mundial — ONG que hoje organiza de seis a oito encontros por ano, ao redor do mundo, para debater temas que vão do aquecimento global ao... envelhecimento dos morcegos. E, claro, o mais importante desses encontros é o que continua ocorrendo em Davos, em janeiro, mês em que a cidade está gelada. Andar pelas ruas, nesse período, depende de dois objetos de desejo: um crachá de participação e uma simples borrachinha, distribuída pela organização para ser colocada sob a sola dos sapatos, de forma a evitar tombos nas vielas escorregadias do vilarejo. Estive lá duas vezes, em 2019 e 2020. Os encontros funcionam como um epicentro das discussões sobre o futuro da humanidade.

Minha primeira viagem a Davos começou a ser construída por meio de uma pessoa que hoje é uma das minhas interlocutoras mais frequentes, uma referência em segurança pública e política de drogas no Brasil: a cientista política Ilona Szabó. Fundadora do movimento Agora e do Instituto Igarapé, Ilona participou entre 2003 e 2005 da Campanha do Desarmamento, que tirou 500 mil armas de circulação no país. Ocupou cargos executivos em comissões internacionais sobre políticas de drogas e foi nomeada Jovem Líder Global pelo Fórum Econômico Mundial em 2015. É uma parceira de ideias, alguém que eu quero ter por perto a vida inteira. Ouço Ilona em todas as agendas: educação, segurança pública, tecnologia e meio ambiente — enxergamos o potencial do Brasil pela mesma lente.

Conheci Ilona quando meu irmão, Fernando Grostein, estava dirigindo o documentário *Quebrando o tabu*, que discute as últimas quatro décadas de políticas de combate às drogas sob o olhar do ex-presidente Fernando Henrique Cardoso. O filme, lançado em 2011, analisa acertos e erros dos governantes, com depoimentos de personalidades brasileiras, como o médico Drauzio Varella, e internacionais, como os ex-presidentes dos Estados Unidos Bill Clinton e Jimmy Carter; do México, Ernesto Zedillo; e da Colômbia, César Gaviria. Ilona, que trabalhava com FHC, foi uma das roteiristas do documentário. Após alguns anos afastado, retomei o contato com Ilona em 2016. E três anos depois ela acabaria me levando a Davos.

Na minha primeira ida a Davos, em 2019, a cidade suíça recebeu tanto o ex-vice-presidente americano Al Gore, profundo conhecedor dos desafios climáticos, quanto Donald Trump, o então presidente dos Estados Unidos, que tentou defender seu indefensável governo.

Naquele momento, o establishment político derretia no Brasil, com as prisões decorrentes da operação Lava Jato, e também na maior economia do mundo, com a eleição recente de Trump. A ideia de renovação ganhava força, e Ilona me convidou para entrar no Agora, um movimento concebido para formar gestores públicos e importar bons exemplos de políticas públicas que deram certo mundo afora. Aceitei na hora. Ilona também faz parte da rede Young Global Leaders, um braço do Fórum Econômico Mundial que reúne jovens de mais de cem nacionalidades com o objetivo de discutir os problemas políticos em comum. Ela insistia muito para eu ir ao Fórum; só faltava a oportunidade certa.

Quando o professor Klaus Schwab, fundador do fórum de Davos, veio ao Brasil, tive a oportunidade de participar de um jantar em sua homenagem. Sentamos lado a lado, e dali surgiu um convite para ir a Davos em 2019. Acabaria sendo uma das experiências mais ricas que tive nos últimos anos. Na minha segunda ida a Davos, em 2020, percebi que estava com um pouco de vergonha de ser brasileiro. O país estava fora das principais agendas: educação, clima, saúde. Estava claro que o Brasil havia perdido a capacidade de liderar qualquer agenda global. Essa minha constatação reforçou o que Ilona vinha me falando: que, infelizmente, o debate político brasileiro é muito raso, que qualquer opinião acaba sendo taxada de partidária.

Durante os meus dias em Davos, em 2020, marquei uma conversa com Nandan Nilekani, empresário de sucesso do ramo de tecnologia na Índia. Ele faz parte do Giving Pledge, movimento de filantropia liderado por Warren Buffett, Melinda Gates e Bill Gates em que os participantes se comprometem a doar mais da metade do próprio patrimônio para causas sociais, ainda em vida ou em testamento. No Brasil, o único a integrar o movimento é o empresário Elie Horn, que admiro muito. Dono da incorporadora Cyrela, Horn já repassou 60% de seu patrimônio a causas sociais.

Hoje, a herança no Brasil é tributada de 2% a 8%, a depender do estado — o que deveria ser revisto para grandes fortunas. Nos Estados Unidos, por exemplo, a taxa varia entre 18% e 40%, só que a lei americana tem um artifício interessante: possibilita que a pessoa utilize o valor que será taxado sobre a herança ainda em vida, desde que em prol da filantropia ou da arte. Vamos supor, por exemplo, que um rico contribuinte tenha 10 milhões de dólares de patrimônio. Se a taxação é de 18%, isso significa que, no futuro, quando o valor total for passado aos seus herdeiros, 1,8 milhão de dólares ficarão com o governo. O que a lei americana possibilita é que o contribuinte utilize esse valor da taxação ainda em vida — seja adquirindo obras de arte para doar a museus ou doando para a filantropia, o que fortalece muito a cultura de doação e o terceiro setor (ONGs, institutos e fundações).

Não é por acaso que algumas das mais importantes e transformadoras iniciativas filantrópicas da sociedade civil, no mundo, tenham nascido por lá. Não raro, as grandes fortunas americanas vêm acompanhadas de organizações filantrópicas: Fundação Bill e Melinda Gates (de Bill Gates, fundador da Microsoft); Salesforce.com Foundation (de Marc Benioff, fundador da Salesforce, empresa especializada em softwares e armazenamento de dados em nuvem, e sua mulher Lynne Benioff); Bloomberg Philanthropies (do bilionário Michael Bloomberg, que foi prefeito de Nova York); Buffett Foundation (do megainvestidor Warren Buffett); e Open Society (de George Soros, um dos maiores investidores do mundo), para citar alguns exemplos relevantes.

Assim como Gates, Bloomberg e Buffett, Nilekani é um grande filantropo. Mas, além disso, ele é também um bom exemplo de uso do verbo "servir" — não no sentido de servir água, como costumamos usar, mas num sentido mais amplo, de prestar um serviço ao país. Depois de ter sucesso na iniciativa privada, ele resolveu contribuir com políticas públicas participando do governo. Mesmo sem ser político, serviu ao seu país por cinco anos, integrando o governo do primeiro--ministro Manmohan Singh de 2009 a 2014. Nesse período, liderou a equipe que desenvolveu a identidade digital indiana, conhecida como Aadhaar. Seu trabalho virou referência não apenas por ser o maior programa de identificação do mundo, mas também por ter permitido o desenvolvimento do maior programa de transferência de renda (que acabou sendo fundamental durante a pandemia), iniciado com uma organização de dados de porte exponencial.

Em 2020, quase 1,3 bilhão de indianos — praticamente a população total do país — estavam cadastrados no Aadhaar. Para que isso ocorresse, o governo enviou milhares de agentes à rua, todos munidos de um pequeno computador, acoplado dentro de uma maleta, para coletar dados como a leitura biométrica da íris e a impressão digital de absolutamente todas as pessoas, de moradores em situação de rua a empresários. Conclusão: todos no país, sem exceção, passaram a ter uma identidade — e essa identidade, padronizada, passou a servir de fio condutor para os programas sociais. Dados são uma riqueza no mundo atual.

Quanto mais aprofundo o meu interesse por modelos de governos digitais, maior é a minha certeza de que, para muitos dos atrasos que enfrentamos no Brasil, em áreas como educação, saúde pública e gestão, a tecnologia deveria ser a maior aliada. Vou dar um exemplo. Em 2019, 18,2 milhões de alunos participaram da Olimpíada Brasileira de Matemática das Escolas Públicas. Desses, cerca de 7500 — ou 0,04% — ganharam medalhas. Já são jovens acima da média, por quem o Estado deveria zelar. Mas há um dado ainda mais impressionante. De 2011 a 2017, 1288 medalhas foram dadas a 999 jovens beneficiários do programa Bolsa Família, segundo dados do Centro de Debates de Políticas Públicas. São 999 jovens com um potencial intelectual altíssimo, que aflorou mesmo num ambiente hostil, de poucas possibilidades. Mas onde estão esses jovens? Quem os acompanhou? De que maneira o potencial deles foi aproveitado pelo país? Vão virar cientistas? Professores? Alguém sabe? Esse é um bom exemplo de como precisamos utilizar dados sobre os cidadãos para instituir políticas focalizadas de proteção social. Fazer esse grupo de jovens progredir é não só um dever público, mas um projeto de riqueza do país.

Acredito que o futuro dependa essencialmente da tecnologia, por uma razão simples: nossa vida já está acontecendo através dela. Um governo desconectado perde a capacidade de governar. Para se ter uma ideia, no começo da pandemia, ainda em março de 2020, graças ao Aadhaar, o governo da Índia foi capaz de repassar recursos emergenciais para mais de 150 milhões de pessoas em menos de uma semana.

Seria possível implementar esse tipo de tecnologia no Brasil? Hoje vivemos um cenário de múltiplos registros de identidade no país. O RG e a carteira de motorista, por exemplo, são emitidos por autoridades dos estados. Já o CPF é de responsabilidade da Receita Federal. O título de eleitor e o certificado de reservista também têm alcance nacional, mas são produzidos, respectivamente, pelo Tribunal Superior Eleitoral e pelas Forças Armadas. Cada entidade do governo oferece um serviço de maneira independente, sem integrá-los em uma escala nacional. Tal modelo nos leva a pontos cegos e distorções inaceitáveis.

Foi por isso que voltei a entrar em contato com Nilekani durante a pandemia. Nessa nossa segunda conversa, ele me explicou que, até recentemente, a Índia era bem parecida com o Brasil na questão dos diferentes registros de identidade. A estratégia adotada por seu grupo foi a de não mexer diretamente no que já existia, evitando assim criar batalhas por território dentro da estrutura do Estado. Em vez disso, Nilekani decidiu apenas criar um modelo mais amplo e simplificado, na esperança de que ele acabasse sendo aproveitado pelas outras instâncias. Ou seja: a autoridade eleitoral continuaria decidindo quem poderia votar, o fisco continuaria fiscalizando quem pagava os impostos — mas tudo isso poderia ser feito a partir da base de dados do Aadhaar, que continha nome, endereço, data de nascimento, sexo, foto, impressões digitais, íris e, caso a pessoa quisesse, endereço de e-mail e número de telefone celular (o preenchimento é concluído em quinze minutos).

Dito e feito. Com a consolidação e a confiabilidade da base do Aadhaar, outros órgãos começaram a aproveitá-la, unificando o sistema de identificação. Dos quase 1,3 bilhão de indianos cadastrados no Aadhar, aproximadamente 690 milhões têm pelo menos uma conta bancária vinculada ao sistema de identificação. Assim, o governo pode transferir dinheiro para seus cidadãos usando a identidade digital (o sistema lembra o Pix, com a diferença de que o Brasil ainda não tem essa base unificada). Resultado: cerca de 150 milhões de pessoas na Índia receberam dinheiro diretamente em suas contas, sem nenhum contato físico, já nas primeiras semanas da pandemia.

É instrutivo demonstrar com números o salto social dado na Índia em função do sistema inventado por Nilekani. Em 2008, apenas 17% dos adultos do país tinham conta em banco. Dez anos depois, o percentual havia crescido para 80% da população adulta. "Pelos caminhos normais de desenvolvimento, essa trajetória de 2008 a 2018 teria levado 46 anos. O que fez a diferença no país foi o uso de tecnologia aliado a uma política pública clara e efetiva", escreveu na *Folha de S.Paulo*, em 2020, Ronaldo Lemos, referência na área de direito e tecnologia, e um dos autores do Marco Civil da Internet. Conheci Ronaldo no movimento Agora, e, desde então, ele tem sido um interlocutor frequente quando o assunto é a união entre governo e mundo digital — Ronaldo, assim como eu, enxerga a tecnologia como nossa maior aliada para construir atalhos que diminuam a ineficiência do Estado. Um exemplo que ele mesmo menciona em seu artigo na *Folha*: há cerca de 30 milhões de brasileiros fora dos cadastros governamentais — quadro grave, revelado durante a distribuição do auxílio emergencial concedido para remediar os efeitos econômicos da covid-19. São indivíduos invisíveis, que inexistem para o Estado — problema que poderia ser solucionado com a criação de um sistema como o Aadhaar. Na opinião de Nilekani, um projeto do porte do Aadhaar, no Brasil de hoje, seria bem mais fácil de ser executado, se comparado à experiência dele na Índia. Isso porque, na época, a criação de uma identidade digital única em um país com população tão grande e com tanta desigualdade era algo inédito. Passados mais de dez anos, todos os problemas iniciais de tecnologia foram resolvidos. Qualquer país que deseje criar uma identidade digital única não encontrará problemas em relação à tecnologia. O desafio é de ordem política.

O gerenciamento de uma política pública costuma ser muito mais difícil do que se pensa. Durante a pandemia, o governo federal brasileiro penou para transferir seiscentos reais por mês para cerca de 64 milhões de pessoas. A burocracia, a falta de planejamento, a falta de capacidade de execução e a confusa rede de dados criaram filas desumanas na Caixa Econômica Federal, responsável pela distribuição dos recursos emergenciais. Resultado: milhões de pessoas correndo o risco desnecessário de serem expostas ao vírus em meio a uma pandemia.

Mas não foi só isso. A maneira como o governo decidiu implementar o auxílio deixou de fora milhões de brasileiros que precisavam dessa ajuda. Um exemplo: o casal Bruno e Anaize, que mora, com mais seis famílias, em pequenas casas registradas no mesmo número na favela do Córrego do Eucalipto, em Recife. Ele é entregador de aplicativo para os restaurantes locais; ela, atendente em um pequeno mercado da comunidade.

Em questão de poucos dias, os restaurantes que Bruno atendia fecharam e o mercado avisou Anaize que só poderia pagar duzentos reais de salário enquanto o mundo não voltasse ao "normal". A fome bateu à porta do casal, e o pesadelo começou. Assim como todos os outros moradores do endereço, Bruno e Anaize correram para tentar receber o auxílio emergencial de seiscentos reais apresentado e aprovado pelo Congresso. Após duas semanas de espera, receberam resposta negativa. Idêntica má sorte tiveram os moradores de outras quatro casas. Apenas os vizinhos da casa grudada à de Bruno e Anaize conseguiram a aprovação no cadastro nacional.

Por que os vizinhos da casa ao lado, que vivem em condições parecidas com a deles, receberam o auxílio, enquanto todas as outras cinco famílias que coabitam o endereço, e entram e saem todos os dias pelo mesmo portão, não conseguiram? A resposta era cruel: o sistema só aceitava dois CPFs por endereço. Ou seja, o sistema ignora que, nas favelas e nas periferias do Brasil, existem milhões de famílias que dividem o mesmo portão, mas não a mesma casa. São pessoas que convivem por necessidade financeira, mas sem relações familiares.

Com o passar dos meses, esse tipo de problema que Bruno e Anaize enfrentaram se tornou apenas mais um entre os muitos relacionados ao auxílio emergencial. Para além do dinheiro que não chegava, houve o pagamento a quem não merecia: até julho de 2020, a Controladoria-Geral da União (CGU) recuperou 78 milhões de reais de 82 mil pessoas que haviam recebido o auxílio emergencial indevidamente. Algumas forçaram o cadastro mesmo não se encaixando nos critérios para receber o auxílio; outras usaram dados alheios para driblar o sistema. Eu soube de uma história envolvendo uma jovem capixaba, de classe média alta, que usou o dinheiro ganho injustamente com o auxílio para comprar uma guitarra. É revoltante constatar esse tipo de comportamento enquanto milhões lutam para não passar fome no país. Se o Brasil dispusesse de uma tecnologia como o Aadhaar, com dados de biometria, o governo poderia impedir que alguém se inscrevesse duas vezes com um nome diferente, em vez de jogar dinheiro fora sem muito critério.

O Aadhaar teve outras consequências inesperadas na vida indiana, como o impacto na redução da corrupção no país. Devido ao sistema de pagamento virtual, a Índia retirou de circulação as notas equivalentes a mais de cinco dólares, dificultando o acúmulo de grandes quantias em dinheiro vivo, e diminuindo assim um dos caminhos conhecidos da corrupção — o de fazer transações não declaradas por meio de papel-moeda.

Terminada a conversa sobre o Aadhaar, resolvi migrar o papo para a seara da filantropia. Durante a pandemia, tanto o Brasil como a Índia vivenciaram um grande aumento no volume de doações. Fiquei curioso para entender a decisão de Nilekani de, ainda em vida, doar a maior parte de seu patrimônio bilionário, por meio do movimento Giving Pledge. Ele respondeu que a escolha está diretamente ligada ao fato de que ele e a esposa, Rohini, cresceram em famílias de classe média. Sem ter tido o privilégio de nascer em uma família rica, Nilekani construiu o seu patrimônio após fundar uma empresa, a Infosys, hoje líder do país em consultoria digital, com um valor de mercado de quase 80 bilhões de dólares. No entanto, ele sempre acreditou que não deveria guardar esse montante para si ou para os filhos, e sim usá-lo para um propósito mais amplo. O dinheiro doado ao Giving Pledge financia projetos ligados a cidadania, gênero, justiça climática e, claro, educação e covid-19.

Nilekani acredita que esse tipo de atitude tende a ocorrer mais entre empresários de primeira geração — ou seja, aqueles que não nasceram ricos. Isso porque, quando você começa a vida com uma quantidade de dinheiro modesta, está mais inclinado a doá-lo; afinal, foi você o responsável por chegar àquele patamar. Mas se você é rico de uma terceira ou quarta geração de herdeiros, é mais difícil doar, porque seus filhos vão dizer: "Quem é você para doar? Não foi você que ganhou esse dinheiro!".

A filantropia é uma poderosa incubadora de futuras políticas públicas. Ela fomenta a ciência, acolhe os mais necessitados e faz com que a sociedade civil se fortaleça ao mesmo tempo que presta mais atenção no próximo. Ainda assim, acredito que quem tem poder exponencial de transformação social é o Estado. Logo, é preciso sobretudo qualificar o ambiente político com pessoas bem formadas e bem-intencionadas — tema que me traz de volta a Ilona Szabó, fundadora do movimento Agora. O Agora, do qual faço parte desde 2017, não está interessado em gerar candidaturas — e sim em formular uma agenda sólida de políticas públicas que esteja fundamentada não em pessoas específicas, mas em ideias. Como já comentei, toda obra precisa de um bom projeto arquitetônico, um bom engenheiro e um bom mestre de obras. Trazendo essa analogia para a política, o arquiteto é justamente o Agora: é dele que pretendemos tirar um projeto de país que possa ser executado pelo engenheiro e por sua equipe.

A conversa com Nilekani reforçou o meu sentimento de que o avanço global da tecnologia é a única maneira de resolver os desafios do Brasil — além, claro, de ser uma importante porta para a inserção do país no mercado internacional. Exemplo concreto: em 1990, Brasil e Índia não exportavam absolutamente nada em tecnologia de software. Em 2019, o Brasil exportou 2 bilhões de dólares, ao passo que a Índia exportou incríveis 137 bilhões. O projeto brasileiro em 1990 era muito melhor que o da Índia, mas a Índia executou, organizou, criou processos, e o Brasil não.

Estou seguro de que basta o intervalo de uma geração para munir o governo brasileiro com boas plataformas digitais — o que será um enorme avanço para que pessoas como Bruno e Anaize possam ter acesso a serviços públicos mais eficientes e de melhor qualidade.

Movido por essa crença no poder social da tecnologia, resolvi conversar também, durante a pandemia, com o engenheiro, médico e empresário greco-americano Peter Diamandis. Geneticista formado pelo MIT e fundador da Singularity University, Diamandis foi listado, em 2014, entre os "50 maiores líderes do mundo" pela revista *Fortune*. Ele também atua como presidente executivo da XPrize Foundation, instituição que em 2019 anunciou o Rainforest XPrize, um chamado para inovadores do mundo inteiro se engajarem em soluções radicais para mapear a biodiversidade da Amazônia e das demais florestas tropicais.

Meu primeiro contato com Diamandis foi em 2017, como aluno na Singularity University, um centro de estudos localizado no coração do Vale do Silício, na Califórnia, cujo objetivo é fomentar ideias que venham a impactar positivamente, e de forma exponencial, a vida do planeta. "Se você quer se tornar bilionário, ajude 1 bilhão de pessoas", Diamandis costuma dizer. Fiz um curso rápido, ainda que intenso, para tentar entender que lugar poderá caber ao Brasil neste novo planeta que se desenha.

Sim, os carros serão autônomos muito em breve. Sim, o córtex humano estará conectado à nuvem. Sim, vamos fazer download da nossa memória, vamos usar minérios vindos do espaço, vamos escanear o corpo em casa, gerando um diagnóstico imediato. Essas foram algumas das afirmações que ouvi durante aqueles dias. As mudanças que vimos acontecer até aqui, acredite, são microscópicas diante do que está por vir. Precisamos usar toda essa inovação a nosso favor.

Sobre o universo do trabalho, Diamandis acredita que o home office continuará a ser utilizado mesmo depois que tivermos vacinas contra a covid-19 disponíveis para todos. Mas ele defende que as empresas reúnam os funcionários presencialmente ao menos uma vez a cada três meses, para manter um mínimo de sociabilidade — afinal, humanos são animais sociais. Diamandis é obviamente um aguerrido defensor da ciência. "E ela se torna ainda mais fundamental quando falamos de meio ambiente", explicou, em nossa última conversa. "Conforme nós invadimos as florestas, entramos na selva e nos misturamos com os animais, criando interações com eles, mais vírus passarão do mundo animal para o nosso mundo, onde não temos proteção nenhuma." Ele acha que o Brasil tem em mãos uma oportunidade única de se tornar líder nas áreas de alimentação, energia e meio ambiente. "Mas para que isso aconteça é preciso que o país saia do mundo antigo para mergulhar no novo mundo", explicou. "Nós estamos a dez ou vinte anos de o petróleo ser uma coisa do passado. E todas as economias baseadas no petróleo têm que se dar conta de que o custo da energia solar está despencando, de que nós vamos chegar em menos de um centavo de dólar por kWh."

É por isso que Diamandis tem incentivado financeiramente, com um prêmio de 10 milhões de dólares, quem tenta enxergar a floresta não como uma área a ser explorada, mas como um repositório de riquezas. Seu prêmio, o Rainforest XPrize, desafia os participantes a calcularem o valor de uma floresta tropical pela biodiversidade. "Se você tem um terreno que faz parte de uma floresta tropical, você pode medir o valor dele pela quantidade de madeira que você corta e por quanto a vende", explicou. "Mas você também pode calcular o valor pelo que há de biodiversidade no terreno. Quando derruba a mata, você destrói essa biodiversidade sem perceber o valor daquilo que está destruindo. Então o que o nosso prêmio pede às equipes é que elas calculem o valor de um acre ou de um hectare de terra em 24 horas pela quantidade de biodiversidade que existe ali." Essa nova forma de valorar terrenos pode inverter completamente a maneira como medimos a agroeconomia. "Isso vai mostrar que o terreno vale muito mais do que a madeira que se pode cortar nele, muito mais do que o milho que você pode plantar ali. Vai mostrar o quanto o terreno vale pela sua biodiversidade", complementou.

Diamandis tem uma visão utópica. Ele acredita que estamos caminhando para um mundo em que se vai "desmonetizar o custo de vida". Um mundo em que os carros individuais serão substituídos por veículos elétricos, autônomos, que poderão ser alugados por um aplicativo em qualquer esquina (aliás, um carro normal tem uma média de 4 mil peças, contra quatrocentas de um carro elétrico, mais econômico até na cadeia de produção). Um mundo em que o preço da alimentação vai diminuir, em que a energia será gratuita, em que a assistência de saúde terá um alcance muito mais amplo — e um preço mais baixo — por utilizar sensores e inteligência artificial.

"Nós costumamos pensar que socialismo é quando o governo está cuidando de você, mas imagine ter uma versão tecnológica disso, a tecnologia cuidando de você, e não o Estado", teorizou. "É nesse caminho que estamos. Um mundo onde vamos melhorar a vida de todos os homens, mulheres e crianças, onde todos terão acesso às necessidades básicas de graça. Eu acho que isso é economicamente possível. E isso permitirá que as pessoas sonhem. É disso que precisamos, que uma criança possa nascer em qualquer lugar sabendo que pode fazer e ser o que quiser."

Eu também acredito nessa utopia de Diamandis, de que a tecnologia pode ser um vetor de infinitas possibilidades. Cito um exemplo: em 2018 viajei pelo *Caldeirão* para o norte da Sibéria — aquela região gélida, no alto da Rússia, que faz parte do Círculo Polar Ártico. Era época de Copa do Mundo, e eu e a equipe de criação do *Caldeirão* discutíamos como cobrir um dos maiores eventos esportivos do mundo de um jeito diferente, com o nosso olhar. A "tormenta de ideias" mirava para todos os lados, sem acertar nada de concreto, até que alguém olhou para uma foto das populações indígenas da Amazônia que ornamentam a nossa sala de criação. O autor era o genial fotógrafo Sebastião Salgado, que também havia documentado populações de outros cantos do mundo que em nada haviam se alterado nos últimos 50 mil anos. Isso mesmo, 50 mil anos. E entre essas populações estavam os nenets, um povo nômade, de pastores de rena, que vivem na península de Iamal — que na língua dos nenets significa algo como "lugar onde termina o mundo". Começamos a imaginar se, em pleno século XXI, com toda a tecnologia embarcada no planeta, existiriam pessoas que não soubessem o que é futebol. E lá fomos nós para esse tal lugar onde termina o mundo.

Foram dias de viagem. Milhares de quilômetros de avião até Salekhard, uma pequena cidade dentro do Círculo Polar Ártico. Depois, mais setecentos quilômetros dentro de um caminhão russo da década de 1970 adaptado para trafegar no gelo. Na região, não existem estradas — a conexão entre os vilarejos se dá através de rios congelados.

Do último lugar habitado até o encontro com os nenets foram dois dias de zigue-zague nas profundezas da Sibéria. Mas, finalmente, lá estavam eles, frente a frente conosco. Nossa ideia inicial tinha se materializado: havíamos encontrado os russos que, em pleno século XXI, imaginávamos não saber o que era o futebol.

Doce ilusão. Estela, nove anos, pele branca como a neve, olhos claros como o azul do céu siberiano, veio curiosa nos receber. Aproximou-se, sorriu para os forasteiros e sacou um celular — isso mesmo, um smartphone ultramoderno, 4G, tela Full HD, cor-de-rosa, fabricado na Índia — para registrar uma foto dos estranhos invasores. Sim, ela sabia o que era futebol. Sim, até os nenets estão conectados.

7. Da porta para dentro: Meu irmão, nossa mãe e eu

"Eu sou gay", disse assim, na lata, meu único irmão, Fernando. Ele é filho do segundo casamento da minha mãe. Sou dez anos mais velho.

Quando a frase foi dita, em 1999, eu tinha 28 anos, Fernando, dezenove. Fui o primeiro em nossa família a ouvir essa revelação, o que considero um gesto de amor e de confiança por parte dele, que até hoje tento honrar.

Fernando é uma pessoa dotada de inteligência fora do comum. Diretor de cinema, documentarista e escritor dos mais talentosos, é obstinado, às vezes até obsessivo no que faz. Dono de uma intensidade que demanda muito de todos à sua volta, também é um cara sensível, amoroso e gentil. Toda essa mistura é temperada por um humor ácido.

Sempre enxerguei Fernando como alguém muito próximo, que, por ser bem mais novo, me tinha como referência, "seguindo as minhas pegadas", por assim dizer. Somos irmãos, nos amamos, mas somos duas pessoas diferentes.

A "libertação" começou naquele dia em que Fernando me mostrou que não éramos nem tão parecidos nem tão próximos quanto eu imaginava, deixando claro que precisava se livrar da enorme carga que pesava sobre ele. Explicou-me que havia uma pressão — ainda que sutil e invisível, decerto real, já que ele a sentia — para que fosse exatamente como eu a fim de ser aceito pelas pessoas.

Não me isento de responsabilidade nesse processo de sofrimento dele. Minha sensibilidade e meu preparo para perceber aquilo que o atormentava foram precários. Hoje, vejo o quanto os anos e anos em que fui submetido a uma espécie de pós-graduação machista — que assolou e assola a minha geração e muitas outras que vieram antes ou depois — me tornaram incapaz de enxergar os preconceitos que pensei, disse e fiz, e, pior ainda, as coisas importantes que deixei de pensar, dizer e fazer.

De forma estúpida, eu achava que tinha uma certa obrigação de reproduzir com ele as toxidades que havia absorvido em nome da virilidade, de uma "tradição" abjeta que gerou multidões de homens traumatizados e, no mínimo, sexualmente confusos. Duas décadas atrás, a forma como a sociedade lidava com a diversidade de gêneros e a orientação sexual era muito diferente da que existe hoje — a qual, diga-se de passagem, ainda deixa bastante a desejar.

Dito isso, um dia a ficha dele caiu. Nas palavras do próprio Fernando, segundo uma live que fez no Instagram, durante a quarentena provocada pela epidemia da covid-19: "Ficou claro que a vida não precisava ser daquele jeito. Ficou claro que eu estava errado em tentar ser igual ao meu irmão. Ficou claro que toda a raiva que eu sentia de mim por ser diferente estava errada, e eu queria mostrar isso ao mundo. Eu precisava dividir isso com a pessoa que eu mais amava, minha maior referência".

Naquele dia de 1999, Fernando me ligou pedindo para termos uma conversa. Pouco tempo depois, ele estava na minha frente, num pequeno escritório onde eu tinha a minha base na época, na rua Helena, bairro da Vila Olímpia, em São Paulo. De novo passo a palavra a ele:

"Eu não consegui olhar no olho dele e caí em prantos: 'Sou gay'. Luciano perdeu o chão, mas o seu instinto imediato foi de acolhimento. Proteção. Eu lembro que a primeira coisa que ele fez foi me dar a mão, me abraçar e dizer que estávamos juntos. Eu estava buscando aceitação. Ele me falou uma frase que carrego comigo para o resto da vida: 'Você demorou vinte anos para resolver isso, eu não consigo resolver em cinco minutos." De fato, não foram cinco minutos.

Sempre tivemos uma relação de afeto e admiração mútua. Por isso, acho que senti aquele medo que uma pessoa sente quando gosta muito de alguém, quando se considera responsável por cuidar desse alguém — e esse alguém lhe apresenta uma realidade diferente da que você imaginava, uma realidade em que talvez os seus cuidados de irmão mais velho sejam inadequados, deslocados. Hoje sei que também tive medo de enfrentar os meus próprios preconceitos.

A corajosa e libertadora confissão do Fernando não era um fato corriqueiro. Era uma realidade que me enchia de inseguranças — já que estamos no país que é, ainda hoje, o que mais mata pessoas LGBTQIA+ no mundo (um assassinato a cada dezesseis horas, segundo o levantamento mais recente até o momento em que escrevo este livro, feito pelo Ministério dos Direitos Humanos, em 2018).

Dada toda a carga de referências machistas e homofóbicas que a sociedade brasileira me entregara — e o sofrimento e preconceito que imaginei que isso traria para Fernando e para minha família —, minha primeira sensação foi, de fato, a de perder o chão, como ele relatou. Começava ali um embate entre tudo o que eu tinha entranhado em mim, fruto daquilo que hoje é chamado de machismo estrutural, e minha tentativa de compreender e processar as novas informações e formar uma nova consciência. Nunca perdi o orgulho enorme dele, agora não só pela inteligência, mas também, e principalmente, pela coragem. Hoje sei o quanto sou afortunado por ter um irmão que me ajuda a entender esse universo de uma maneira mais ampla e profunda, por ter um professor tão próximo — e por isso mesmo tão importante — nessa luta diária contra o obscurantismo que a questão da orientação sexual desencadeia no Brasil e em boa parte do planeta.

Talvez eu já tenha demonstrado algumas vezes, inclusive de maneira pública, o quanto me orgulho do meu irmão. Por isso estarei sempre pronto a ouvi-lo, e não apenas ele, mas qualquer pessoa gay, bissexual ou trans que possa ajudar a ampliar o alcance da minha visão, para que eu possa ter uma atuação mais qualificada e mais efetiva na luta para mitigar o sofrimento gerado pela intolerância.

Fernando é filho do segundo casamento da minha mãe, Marta, com o saudoso e grande jornalista Mário Escobar de Andrade. Mário foi casado com ela dos meus sete aos dezoito anos — e por isso mesmo foi também uma das minhas referências mais importantes. Quando ele morreu, Fernando tinha dez anos. Minha mãe acabaria se casando de novo, com o economista Andrea Calabi, seu marido até hoje, que ocupou com louvor o vácuo deixado pela partida prematura de Mário.

Mas voltando à linha temporal: depois de ter contado para mim, era hora de abrir o jogo com o resto da família. Fernando marcou então uma segunda conversa, com nossa mãe e com Andrea, nosso padrasto. O papo também não foi fácil, mas, como o tempo é o melhor tempero para a vida, gradativamente a revelação do meu irmão foi deixando de ser envolta pela atmosfera de tabu — aliás, uma atmosfera, vejo hoje, absolutamente desnecessária, porque não pode haver tabu a respeito de algo que é apenas uma manifestação de identidade.

Fernando se tornou um ativista importante na luta pelos direitos da comunidade LGBTQIA+, mas nunca havíamos discutido esse assunto publicamente — ele, eu e nossa mãe. Na minha cabeça, talvez equivocadamente, isso dizia respeito apenas à vida privada do Fernando, portanto só poderia ser trazido a público no dia em que ele quisesse.

E esse dia chegou.

Durante o período de isolamento social, Fernando me avisou que havia convidado nossa mãe para uma live. Pensei:

"Minha mãe em uma live para falar sobre como foi descobrir que o Fê era gay? Preciso ver isso".

Dona Marta é uma pessoa muito discreta. Nunca deu entrevistas para falar da família, não está nas redes sociais, nunca desfilou com crachá de mãe do Luciano Huck, e chega a ficar envergonhada quando alguém a reconhece na fila do supermercado. Mas topou fazer a live com o meu irmão.

A conversa se deu exatamente no dia em que ocorreria a Parada do Orgulho LGBTQIA+ de 2020 na avenida Paulista, em São Paulo, obviamente adiada por conta da pandemia. O grande evento das ruas acabou se transformando em uma parada virtual — e meu irmão, como ativista da causa, resolveu contribuir. A conversa foi maravilhosa. O que foi dito ali ajudou inúmeras famílias que passaram, passam ou passarão pelas mesmas questões. No fim das contas, tudo se resume em saber acolher e em ser acolhido.

Em 2017, Fernando havia produzido e compartilhado em suas redes sociais um vídeo intitulado *Cê já se sentiu um ET?*. Nele, narrava as angústias e os aprendizados do processo que o levou a assumir sua homossexualidade, primeiro para nós da família, e depois publicamente. "Olhando o mundo do jeito que está hoje, com tanta gente equivocada tendo ascensão sobre posições que determinam o nosso futuro, eu sinto que é quase uma obrigação fazer isso", ele dizia no vídeo, com uma coragem e um sentimento de dever público que me emocionam. Agora, na primeira live da nossa mãe, e tendo Fernando como interlocutor, era hora de entender como essa questão havia sido para ela.

"Eu me lembro de duas situações que foram muito fortes quando você se expôs para todos nós", ela disse. "Esse dia da revelação foi durante um jantar em família, no qual o Andrea, você e o Luciano vieram jantar em casa. Eu fiquei muito feliz de ter vocês em casa, nunca imaginei que seria um dia tão marcante para todos. Me lembro bem, foi numa terça-feira à noite. Eu tenho certeza de que foi terça-feira, porque nas quartas-feiras eu dava aula às oito horas da manhã. O Luciano veio do Rio, o Andrea veio do escritório e nós começamos a jantar. Lá pelas tantas, você falou: 'Mãe, eu sou gay.'"

A notícia a pegou de surpresa. "Imediatamente, muitos fantasmas vieram à mente, e acho que, por causa desses fantasmas, eu comecei a chorar", ela contou. "Foi a minha reação instantânea. Tudo que passava pela minha cabeça me dava medo naquele momento. O choro era porque me vinha o medo do que você iria sofrer na vida, do que poderia lhe acontecer, das dificuldades que iria passar."

Com o tempo, o medo foi dando lugar a um sentimento de admiração, como ela contou: "Eu fui percebendo o quanto você foi verdadeiro e corajoso, porque eu tenho certeza de que você estava ali diante das três pessoas que eram as mais importantes para você na vida naquele momento: seu irmão Luciano, seu padrasto Andrea e sua mãe. E, também, eu entendi o quanto aquele momento foi decisivo para tudo que veio depois. Eu me lembro muito de te ouvir dizer: 'Eu não quero ser excluído da vida familiar, que tanto amo, da proximidade com as pessoas que eu amo, de me sentir verdadeiro e conviver com todos'".

Na manhã seguinte, minha mãe daria aula com uma amiga, a professora Regina Meyer, na FAU, a Faculdade de Arquitetura e Urbanismo da Universidade de São Paulo. "Depois dessa noite maldormida e conturbada, ela percebeu que algo estava acontecendo, que eu estava muito aflita", relembrou. "A gente suspendeu a aula — a primeira vez, em mais de vinte anos de parceria. Eu não tinha a menor condição emocional de entrar na sala." As duas ficaram conversando a manhã inteira.

Marta seguiu com o seu relato: "O que eu lembro é que em momento algum a sua família o deixou de lado". Houve, claro, a ajuda do próprio Fernando para que isso ocorresse: "Você continuou sendo a mesma pessoa maravilhosa, afetuosa e verdadeira que é, sempre dando um passo à nossa frente, nos fazendo aprender. Eu acho que cresci nesse processo. Não vou dizer que tudo foi fácil. Foram muitas novidades ao mesmo tempo. Mas passei a ver as coisas com outros olhos. Todo processo de crescimento é dolorido". Ela especificou: "Acho que todos aprendemos a enxergar a força que os preconceitos têm. E a única forma de você vencer preconceitos é enfrentar a verdade, os processos de transformação que os filhos têm. Todos eles: do bebê que começa a andar, da criança que aprende a ler e escrever, a pensar por conta própria, do adolescente que começa a dar os passos na vida que são independentes daqueles que a gente ensinou a dar. O que fica são os valores e os afetos que são construídos ao longo do tempo".

Fernando pediu à nossa mãe para falar mais sobre os fantasmas que invadiram a cabeça dela quando ele contou que era gay. "Os fantasmas que a gente enxerga são os preconceitos, as pessoas que são abandonadas na rua, que não conseguem ter uma inserção profissional, que são rejeitadas", ela explicou. "Eu acho que são esses os medos. Imaginar que o filho se afasta, que ele não vai ser aceito na sociedade, que vai ter dificuldades, apanhar na rua, ter que viver com dificuldades. Mas depois que tudo é absorvido, tudo se torna muito normal, tudo se torna parte da vida."

Como meu irmão bem lembrou na conversa, a pessoa homossexual também sofre com a homofobia que há dentro dela, que foi introjetada pelo acúmulo de séculos e séculos de culturas repressoras. Para chegar ao ponto de ter coragem de vivenciar, de assumir, de contar e compartilhar, é necessário passar por muitas etapas. A coragem de se abrir com a família e as pessoas queridas só vem após a superação de obstáculos.

Não foram poucas as vezes em que meu irmão e eu revisitamos nossas dores e emoções nesse tema. Muita conversa, algumas discussões. Nessa live com nossa mãe, aliás, Fernando lembrou que é preciso revisitar o trauma para superá-lo. Ou seja, é preciso voltar, falar e reelaborar, para só assim deixar para trás aquilo que ainda insiste em nos assombrar.

Sei da importância de estarmos aqui colocando a cara ao sol sobre um tema tão delicado e, ao mesmo tempo, tão necessário no debate público. Porque parte da homofobia que está dentro da gente se deve a um conceito obtuso, construído pela sociedade, sobre o que é ser uma pessoa normal.

Depois dessa conversa, Fernando recebeu um volume enorme de mensagens pelas redes sociais, a maior parte vinda

de mães e filhos que se sentiram pelo menos um pouco aco-
lhidos e encorajados a falar sobre o tema. Daí a importância
de enfrentar essas questões como o Fernando nos ensinou a
fazer, de não se deixar assustar, de perceber que aqueles que
propagam o ódio e a ignorância são a exceção, não a regra.
Chegar a esse ponto de aprendizado não foi fácil, mas,
como bem disse nossa mãe durante a live, "dizer que não foi
fácil não quer dizer que não foi bom". Ela explicou melhor:
"Eu acho que foi um caminho muito bom, cada um dentro de
si teve de rever seus conceitos. E a evolução é constante. Coisas que estamos colocando aqui nesta conversa, por exemplo,
não foram colocadas na mesa há vinte anos, não porque não
quiséssemos, mas porque não tínhamos ferramentas emocio-
nais suficientes". Ela lembrou como a coragem do Fernando
estava ligada, também, a um movimento coletivo: "Ela tem a
ver com o percurso feito por muitos outros que vieram antes
de você, que foram traçando um caminho que conduziu às
Paradas Gay pelo mundo — no Brasil, em Israel, em Nova
York, em San Francisco. Muitos caminhos foram abertos, e a
gente tem que tomar cuidado para que não voltemos para trás".
Tudo indica que estamos vivendo uma transformação ge-
racional mais que bem-vinda. Marta tem vinte anos a mais do
que eu, eu tenho dez a mais do que o Fernando, que por sua
vez tem dezessete a mais do que o outro Fernando, seu marido. Como a live foi transmitida de casa, o Fê do Fê estava por
perto, e aproveitou para falar dessa diferença entre gerações:
"Eu acho que pra mim foi bem mais fácil do que pra você",
ele disse, olhando para o meu irmão. "Eu já tinha amigos as-

sumidos desde os meus catorze, quinze anos, que já nessa idade haviam conversado sobre o tema com os pais. Na minha época já havia vários filmes com protagonismo LGBT, vários youtubers que iam documentando o processo de sair do armário, tipo o Troye Sivan [cantor, ator, compositor e youtuber nascido na África do Sul e naturalizado australiano], que fez um 'coming out' nas redes diante de milhões de seguidores. Eu tive muito mais referências, o que me ajudou a me aceitar mais facilmente. E isso também me ajudou a explicar aos meus pais que não se tratava de um grande problema. Eles entenderam bem."

Para encerrar a participação da minha mãe, meu irmão perguntou o que ela teria a dizer para professores, mães e jovens que estão vivendo dilemas como o que discutimos aqui, em um mundo tão tóxico para esse tipo de debate.

"É sobre criar situações de acolhimento. Acolher dentro da família, fora da família, na escola, nas ONGs. Precisamos pensar em espaços de acolhimento para que o jovem possa se revelar, para que ele possa contar com outros jovens, em espaços sem preconceito, para seguir sua trilha, com ou sem família — embora, claro, com família seja muito melhor."

Essa live acabou sendo uma experiência forte para todos nós — eu também participei de forma breve, no final, junto com Angélica. Compartilhamos angústias, aprendizados e pontos de vista de uma maneira como poucas vezes havíamos feito, nem mesmo no âmbito familiar. No final, acho que a palavra que fica, como frisou a minha mãe, é "acolhimento". Em meio a todos os rompantes autoritários e sectários contra as minorias que vemos hoje no Brasil, quanto mais conversarmos, quanto mais acolhermos, mais forte seremos.

Quando Fernando, aos vinte anos, marcou sua posição e falou, "olha, eu sou gay, essa é minha vida, isso não é uma escolha, esse é o meu ser, é como eu sou", eu disse, "o.k.". Mas, num primeiro momento, tive um certo choque — por razões que têm a ver com a forma obtusa, estúpida e quase desumana como o mundo dita as regras de comportamento, mas também porque você quer que a vida da pessoa que você ama seja uma estrada asfaltada, sem buracos e pouco sinuosa. É o que nós sentimos também em relação aos filhos, que tendemos a proteger ao máximo. No mundo em que vivemos, quando recebemos uma notícia dessas, sabemos que a vida daquela pessoa que tanto amamos não vai ser a mais tranquila do mundo. Embora isso esteja mudando, assumir-se gay ainda significa, infelizmente, enfrentar uma série de questões e uma dose pesada de preconceito, que pode ser maior ou menor, mas que lamentavelmente estará lá. Acho que de geração em geração estamos evoluindo, avançando e, aos poucos (talvez aos poucos demais), tornando esse processo cada vez menos dolorido.

Além do Fernando, preciso dizer que a Angélica também trouxe uma contribuição enorme nesse tema. Com sua visão inteligente e leve sobre afeto, amor e sexualidade, ela me ajudou a enxergar outros ângulos, a jogar no lixo alguns desvios de compreensão vindos do machismo. No dia da live de Fernando com a minha mãe, por exemplo, avisou na mesa do almoço: "O tio Fê vai falar sobre um assunto importante com a vovó. Vocês querem ver?". Cada uma das crianças correu para um lado, pegou um telefone e foi assistir. E aí percebi que aquele conteúdo para elas era quase banal, cotidiano — uma feliz constatação de que de geração em geração estamos desconstruindo essa carga de machismo estrutural. Sabemos que nem todas as pessoas pensam como nós. Mas temos que dar a nossa contribuição, baseada na nossa experiência e em tudo o que vivemos até aqui.

Óbvio, reforço mais uma vez, que nem tudo foram flores. Foram anos de encontros e desencontros, algumas brigas e reações explosivas de ambos os lados. Acho importante reiterar isso, para deixar claro que nossa vida em família fica bem longe de um script de comercial de margarina — insistir nesse cenário seria um desserviço a nós e às famílias com pessoas LGBTQIA+. Mas estamos aqui para dizer que o amor transforma. O amor de irmão, de mãe, de pai, de toda a família.

"Nosso amor nunca esteve em questão, nos agarramos onde podíamos. Naquilo que temos de mais comum: amor ao trabalho, realizar projetos, ideias", disse o Fernando, sobre mim, em determinado momento da live. "Essa história não é sobre como o Luciano reagiu de maneira linda, porque não foi isso. Essa história é sobre como o Luciano lindamente enfrentou aquilo que a sociedade nos ofereceu de pior na definição do que é ser homem. E cada ano foi uma conquista." Fernando lembrou que o afeto gigante que temos um pelo outro às vezes acabava por dificultar certas coisas. "Como explicar para um cara tão legal, tão generoso, tão amoroso, que ele não estava entendendo nada? Digo isso porque, com todas estas dificuldades, eu falo que ele me salvou. Não foram poucas as vezes que deu vontade de desistir de tudo, inclusive de estar neste planeta. Não é à toa que nós LGBTQs frequentamos tanto as estatísticas de suicídio. Porque é duro sentir que somos diferentes, que não pertencemos, ou simplesmente que podemos ser julgados como 'ingratos' por aqueles que nos depositaram tanto amor."

Se eu pudesse voltar no tempo, a única coisa que mudaria com relação ao passado seriam os excessos que surgiam vez ou outra, de parte a parte; hoje sei que ninguém precisa falar alto para ser ouvido. Não mudaria mais nada, pois foi por meio desse processo que o nosso amor foi posto à prova e sobreviveu muito mais forte, superando uma cultura atrasada.

No vídeo gravado para suas redes em 2017, Fernando falou sobre como o medo e o preconceito podem levar a desfechos trágicos. "Vale a pena se assumir. Pode acreditar. É difícil no começo, mas passa. E depois você se aproxima da sua família, dos seus amigos, sua vida fica melhor, você encontra sua felicidade", ele explicou. "Eu infelizmente conheci umas pessoas na minha vida que não tiveram a coragem de fazer isso. Perdi um amigo assim, que eu sabia que era gay, que nunca se assumiu, e que se matou. Toda vez que vejo uma foto dele, fico com vontade de ter gravado esse vídeo muitos anos antes, na esperança de que isso pudesse ajudá-lo."

É por isso que exponho aqui, sem medo, as entranhas da nossa intimidade familiar. Exponho, com a anuência de Fernando e de minha mãe, por acreditar que essa história contribui, de alguma forma, para tornar este mundo melhor. Mesmo que isso leve mais de cinco minutos.

8. Da porta para fora: Potência verde

Eu estava em busca de uma boa maneira de abrir este capítulo. Uma maneira que demonstrasse como considero o tema aqui tratado não apenas importante, mas fundamental. É o tema que protagoniza os nossos tempos, talvez o mais urgente de todo esse mergulho que me propus fazer atrás de conhecimento, ideias e desafios que garantam uma vida mais justa, coletiva e sustentável. É o tema que diz respeito à própria existência futura da humanidade.

Pensei em abrir contando a história de um vídeo que recebi anos atrás, que mostrava um menino cego, Gabriel, montando um cavalo sem auxílio de ninguém. A cena mexeu tanto comigo que me levou à cidade de Sorriso, no Mato Grosso, conhecida como a capital brasileira do agronegócio. Era lá que Gabriel morava e que participava de um programa de equoterapia tocado por uma ONG chamada Sonho Meu (e foi lá, em Sorriso, que vi de perto o que há de mais avançado em termos de cultivo da terra no Brasil).

Outra alternativa seria descrever em detalhes minha expedição, feita em 2014, à Amazônia profunda, quando, em parceria com o departamento de indígenas isolados da Funai, passei três dias imerso entre os zoés — povo que mantém os mesmos hábitos de respeito à natureza há dezenas de milhares de anos. Pensei, por fim, em descrever a rica conversa que testemunhei em um café na Universidade de Princeton, nos Estados Unidos, entre o cacique Almir Suruí, dos paiter-suruís de Rondônia, e o empresário Luiz Cornacchioni, à época presidente da Abag, a Associação Brasileira do Agronegócio. O diálogo mostrava que o litígio entre produção e sustentabilidade pode ser superado.

Mas, como mencionei, o tema deste capítulo se tornou tão importante e urgente que preferi abri-lo de maneira mais sóbria. No começo de 2021, publiquei um texto no respeitado jornal britânico *Financial Times* tentando mostrar, a quem vê nossa tragédia ambiental de fora, que tem gente no Brasil pensando diferentemente do governo do país.

"A destruição das proteções ambientais colocadas em prática pelo governo brasileiro é um assunto de importância global porque o futuro das mudanças climáticas depende do Brasil", eu dizia no texto, lembrando que nosso país abriga 40% das florestas tropicais do mundo, 20% das reservas de água doce e 10% da biodiversidade. "Ainda assim, durante este governo, as taxas de desmatamento aumentaram 50% e as invasões de terras protegidas mais do que dobraram", prosseguia. "Um grupo de líderes indígenas e ativistas de direitos humanos até pediu ao Tribunal Penal Internacional para investigar Bolsonaro por 'ecocídio'."

Não precisava ser assim. Na verdade, não deveria. O Brasil tem todas as chances de se tornar uma superpotência verde — possivelmente a maior do mundo, dado o tamanho da Amazônia e a riqueza dos nossos outros biomas. O país já é um dos maiores produtores de soja, açúcar, milho e carne bovina. Durante muito tempo isso nos bastou como modelo de negócio, e até como modelo de país. Não mais. O cultivo precisa ser feito de maneira sustentável, em uma bioeconomia que possa incluir, também, o ecoturismo responsável, em que sejamos referência na preservação ambiental. Como eu dizia no artigo do *Financial Times*, "este não é um sonho impossível".

Nunca o campo esteve tão conectado à cidade. Nunca a floresta esteve tão conectada ao campo. O mundo está cada vez mais interligado. Por isso mesmo, tenho dito que hoje é possível nos mantermos no topo da produção global de alimentos e insumos vindos do campo sem abrir mão dos programas de preservação. Não é difícil encontrar bons interlocutores tanto no campo do agronegócio quanto no da sustentabilidade, com ideias convergentes e exequíveis. As cartas já estão postas, só precisam ser colocadas em jogo.

Antes de tudo, é necessário romper com as dicotomias reducionistas que dominam e empobrecem o debate atual: liberal ou socialista; direita ou esquerda; Estado grande ou Estado pequeno. Isso significa romper também com a ideia de que existe um litígio entre agricultura e meio ambiente, como se fossem áreas inevitavelmente antagônicas — não o são, como defende o engenheiro agrônomo Alexandre Mendonça de Barros, da Fundação Getulio Vargas.

Filho de José Roberto Mendonça de Barros, ex-secretário de Política Econômica do Ministério da Fazenda, Alexandre é hoje um dos consultores mais respeitados quando o assunto é agronegócio — que responde por 26,6% do PIB e por um terço dos empregos no país. Ele tem sido um interlocutor frequente nessa minha imersão para entender melhor os problemas da agroindústria no Brasil, para achar um caminho que concilie produção com sustentabilidade.

Alexandre me explicou como a pujança de certos polos agroindustriais brasileiros, como Sorriso, está intrinsecamente ligada ao mercado chinês. A história é longa: nos anos 1960, a população da China passava fome, mal esse que acabou sendo diluído, nas décadas seguintes, com uma revolução agrícola de tecnologia a produtividade. A partir dos anos 1980, a China mudou também o modelo de Estado, passando a investir pesado na industrialização, aumentando a renda per capita e, por consequência, o consumo de carne, principalmente de porco. Aí surgiu um novo problema: faltavam grãos que dessem conta de alimentar um rebanho tão grande. A solução? Importar grãos de vários cantos do mundo — e é aí que Sorriso vira uma potência, com o cultivo de soja.

A pandemia que estamos enfrentando se conecta diretamente aos hábitos alimentares dos chineses, maiores consumidores de carne suína do planeta. Explico: em 2018, a peste suína africana atingiu os rebanhos de porco da China. Em casos dramáticos como esse, a única solução para acabar com a doença é sacrificar, incinerar e enterrar todo o rebanho, para que as gerações seguintes não corram risco de contaminação. Foi isso que se fez.

A escassez da carne de porco levou a um aumento de preço, que obrigou parte dos chineses a buscar outras fontes de proteína e a resgatar velhos hábitos alimentares — entre eles, o consumo de animais silvestres, uma tradição já antiga no país. Resultado: animais antes raros, como o pangolim, voltaram a ser vendidos em quantidade nas feiras de alimento, como as de Wuhan. Uma das teses para a contaminação de seres humanos pela covid-19 é a de que algum humano teria ingerido carne de um pangolim, que, por sua vez, teria se contaminado com as fezes de um morcego infectado. O resto da história já conhecemos.

Hoje, estamos em meio a um movimento internacional de transição para a economia de carbono neutro. Aquilo que há quinze anos era uma aposta de sonhadores se tornou o cerne de uma economia de alta produtividade, que domina os mercados, dobra gigantes do setor privado, como Amazon e Microsoft, e está virando norma de planejamento governamental das maiores potências do planeta.

Estima-se que existam hoje algo como 40 trilhões de dólares disponíveis para investimentos em economia limpa, provenientes de fundos de pensão que até ontem buscavam investimentos em campos de petróleo, redes de transmissão, rodovias e polos petroquímicos. Para atraí-los, temos de abrir um diálogo conciliador e criativo, e abandonar dogmas econômicos do século passado. Poderíamos nos inspirar em Juscelino Kubitschek e seu Plano de Metas, no homem que pegou aquilo que parecia uma crise político-econômica sem saída e traçou um norte. Claro, o Plano de Metas hoje teria outros termos, seria algo ousado, focado não pura e simplesmente na industrialização, mas sobretudo no entrelaçamento entre industrialização e sustentabilidade.

À exceção de Marina Silva, não temos hoje, no Brasil, uma liderança política expressiva que enxergue com clareza essa oportunidade de economia associada à preservação climática. Pelo contrário, têm prevalecido as visões mais retrógradas, que endossam o extrativismo predatório e a aceleração do desmatamento, constrangendo os grandes representantes do agronegócio, ciosos das possíveis retaliações por parte do mercado comprador do exterior. O resultado dessa política extrativista no Brasil ficou ainda mais perceptível com a tragédia ambiental ocorrida em 2020 no Pantanal: mais de um terço da área verde do Mato Grosso foi destruída pelo fogo. Acaso? Não, negligência, se é que não se trata de um perverso projeto de destruição.

Por sorte, tanto no meio ambientalista quanto no agronegócio, temos uma nova geração de vozes despontando, sem as amarras do passado e com vontade de fazer diferente, de avançar com uma ação mais próxima ao modelo que associa produção com sustentabilidade. Cito aqui alguns exemplos:

- A proposta estratégica para a região amazônica do cientista Carlos Nobre, que defende uma Amazônia 4.0, que não seja mera produtora de commodities primárias para insumos de indústrias, mas que esteja fundamentada nas raízes da biodiversidade única da região. Objetivamente, ele defende a criação de uma Autoridade de Bioeconomia Amazônica; a implantação de Laboratórios Criativos da Amazônia e a criação da primeira Escola de Negócios Sustentáveis da Floresta Tropical.
- As ideias de produção e bem-estar animal do professor Mateus Paranhos, da Unicamp. Ele mostra como o bem-estar animal na cadeia de produção tem também fins econômicos. Na Nova Zelândia, no Canadá e no Reino Unido, por exemplo, o gado não é mais marcado a ferro (a identificação é feita por um brinco colocado na orelha). No Brasil, a tecnologia arcaica representa uma perda anual de 1 bilhão de reais por desperdício de couro.
- As contribuições ao debate vindas da Coalizão Brasil Clima, Florestas e Agricultura, de Roberto Waack: um movimento multissetorial, composto tanto por entidades do agronegócio no Brasil quanto pelas principais organizações civis da área de meio ambiente e clima, além de representantes de peso do meio acadêmico, forças que antes pouco dialogavam. Aliás, vale destacar aqui a condução de Marcello Brito à frente da Associação Brasileira do Agronegócio, que tem resolvido na prática essa conciliação entre produção e sustentabilidade.

O Brasil tem hoje de 260 a 300 milhões de hectares — um terço do território nacional — dedicados à produção agropecuária, o que nos coloca em segundo lugar no ranking mundial, atrás apenas dos Estados Unidos. Temos áreas de excelência com alta produtividade, mas convivemos também com um enorme contingente subaproveitado, em degradação ou abandonado. Se o padrão adotado nas fazendas dos 25% mais produtivos do país fosse aplicado a toda essa área, nossa produção dobraria — isso sem expandir em nada a área de uso, como atesta o engenheiro florestal Tasso Azevedo, do MapBiomas. Temos 5,3 milhões de propriedades rurais no país, só que 85% delas produzem 16% da renda. É possível — e lucrativo — construir um país com números mais equilibrados. Se o Estado criar mecanismos de fomento para a abertura de mercados, o setor privado irá ocupá-los. O Paraná tem um bom exemplo de otimização da produção: na década de 1970, produzia dezessete sacas de soja por hectare. Hoje, são setenta sacas usando a mesma área.

Claro, isso não seria uma tarefa fácil, já que o atraso mais abjeto ainda convive com a modernidade — resultado do processo de modernização econômica e de intensificação tecnológica. Nosso Código Florestal, aprovado em 2012, representou um enorme avanço em termos de proteção dos biomas, mas ainda falta ao país poder de fiscalização — e consciência ambiental — para fazer com que ele seja amplamente implementado. Aliás, a fiscalização tem sido uma das áreas mais atingidas pelo desmonte ambiental promovido pelo governo Bolsonaro.

Daí a necessidade de apoiar os pequenos e os médios produtores, aqueles a quem o Estado, o mercado e os bancos muitas vezes dão as costas. Esta deve ser a década da bioeconomia, de desenvolvermos ativos da biodiversidade com a mesma competência com que expandimos a silvicultura do eucalipto e do pinus ou modernizamos o cultivo da cana e da soja. O potencial natural da floresta precisa ser aproveitado para gerar prosperidade ao país, mas, claro, com a exploração sendo feita em moldes sustentáveis.

Somos um país que nasceu com o pensamento de que a riqueza viria da destruição da natureza. Isso vem desde os portugueses, que viam os indígenas com um olhar eurocêntrico que os destituía de qualquer dignidade, passando pelos bandeirantes, que foram impiedosos nos avanços pelo interior de São Paulo, desaguando nos avanços rumo à Amazônia durante a ditadura militar (a propaganda do governo federal se referia à floresta como um "Inferno Verde" que precisava ser domado). Passados cinco séculos, está cada vez mais claro que nossa maturidade se dará pela mentalidade oposta: de vermos o país como uma potência verde, baseado na riqueza natural, produtiva, sustentável, e na restauração ambiental.

Precisamos mudar de rumo rapidamente. Somos um país rico por natureza, e pobre por escolha — para além, claro, da herança nefasta deixada por séculos de exploração. Já está mais do que na hora de entendermos que pensar verde é lucrativo não só para nossa consciência, mas também para o bolso de quem produz.

Acabo de ler o livro *Brasil: paraíso restaurável*, de Jorge Caldeira, Julia Marisa Sekula e Luana Schabib. Ele deixa claro que a bússola mudou na virada do milênio. Duas décadas atrás, as nações se guiavam pelas metas de crescimento da produção. Aprendemos a medir sucesso ou insucesso na economia por meio das taxas de crescimento do PIB. Hoje se discute se essa métrica não deveria ser abandonada, ou ao menos relativizada — tema de suma importância, ainda sem resposta, que merece um debate. Ainda não temos um modelo substituto que seja aceito por todas as economias do planeta, mas sei que precisamos de um marcador mais moderno, mais conectado com as necessidades sociais.

A União Europeia passou a seguir um novo modelo desde 2007. O crescimento da produção não foi esquecido, mas subordinado ao Plano 20-20-20: 20% de aumento na produção de energia renovável; 20% de diminuição no consumo de energia; 20% menos emissões de gases do efeito estufa. A meta foi cumprida antes do prazo de 2020, e por isso substituída por outra, ainda mais ambiciosa: o Green Deal [acordo verde], que vai alocar 2 trilhões de euros com o objetivo de se alcançar uma economia 100% limpa até 2050.

Em poucas palavras: o futuro da economia da União Europeia — todo o dinheiro, todo o esforço econômico, toda a política social, todo o desenho de organização do mercado — está ligado a um projeto sem emissão de gases nocivos. E esse não é um fenômeno apenas europeu. Vejamos a China. Se nas últimas décadas o país foi o grande vilão no debate entre produção e sustentabilidade, ele tem agora um objetivo central da ação econômica a que deu o nome de "civilização ecológica". O projeto, lançado em 2016, vincula dez das treze grandes metas nacionais ao meio ambiente.

Essa nova bússola apontando para o verde se mostrou capaz de gerar uma mudança monumental na alocação de capitais privados, isso em escala planetária. São as cláusulas ESG (*Environmental, Social, and Corporate Governance* — ou "governança ambiental, social e corporativa", em português), que têm pautado os investimentos dos maiores fundos de investimento, seguradoras e uma infinidade de bancos e empresas.

O fruto das aplicações é cada vez mais visível. A produção de energia solar e eólica foi multiplicada por 150 nas últimas duas décadas. Resultado: em 2020, pela primeira vez, o consumo de energia renovável superou o de energias fósseis na Europa. É uma mudança de paradigma que não ocorria desde o século XVIII, com a proliferação das usinas de carvão. Nos Estados Unidos, a mudança para o planejamento estratégico a partir de metas ambientais já foi adotada em 24 estados. O governo federal, na época sob Donald Trump, ficou de fora. Mas a prioridade número um do presidente Joe Biden é fazer exatamente o mesmo que a União Europeia e a China estão fazendo. Como diz o economista americano Jeffrey Sachs, um dos principais conselheiros de Biden: "É impossível aprender quando se está no poder. Um governo, quando está no poder, apenas sobrevive. Por isso a importância de já chegar com projetos".

E o Brasil? Para Fareed Zakaria, indiano naturalizado americano, professor de relações internacionais na Universidade Harvard e autor de inúmeros best-sellers, como o recém-lançado *Dez lições para o mundo pós-pandemia*, o país parece não saber para onde quer ir. "Se você observar os principais países que têm ascendido, como China, Índia, Rússia e até Indonésia, o Brasil, de certo modo, é o menos 'ativista' e o menos incisivo em relação ao que quer", argumentou Zakaria quando o entrevistei, em novembro de 2020. "Com a Rússia, você pode concordar ou discordar, mas Vladimir Putin sabe o que quer. Os chineses possuem uma estratégia muito clara. Os indianos estão criando vínculos muito mais próximos com americanos, japoneses e australianos. E o que o Brasil está fazendo?", perguntou Zakaria, que é também um dos principais comentaristas de política externa da CNN Internacional.

"O governo brasileiro parece ter decidido que deseja uma política externa simbólica, baseada na ideia de que o Brasil é fundamentalmente uma nação ocidental e cristã, que retomou suas raízes", comentou Zakaria, a respeito do governo Bolsonaro. "É muito parecido com Trump. É uma política externa do tipo 'Make Brazil Great Again' [faça o Brasil grande de novo], que remete a um passado imaginário em que não havia problemas. Mas isso tudo é simbólico. Qual é a substância? A substância é que estamos em um novo mundo muito complicado, no qual as forças que comandam o comércio global e o crescimento econômico correm perigo." Zakaria defende que o Brasil precisa se perguntar que papel terá nessa nova ordem. "Vai ficar mais alinhado com o mundo ocidental? Vai encontrar alguma maneira de lidar com Pequim de uma forma que não permita à China tirar vantagem do Brasil? Quais são as respostas de Bolsonaro para essas perguntas? Eu não sei. Tudo que ouço é esse populismo, essa afirmação simbólica de que o Brasil está retomando suas raízes cristãs. O que isso quer dizer no mundo de hoje? Eu não vejo uma estratégia clara, ampla e prática para o país."

Para mim, o Brasil vive de opostos. De um lado, é o país onde a natureza produz mais vida no mundo — e onde, ao longo dos séculos, políticos, empresários, empreendedores e pessoas de todos os estratos sociais moldaram uma matriz energética renovável, à base de energia hidroelétrica e também do álcool. Do outro, é o país mais distante da adoção das metas de transição para uma economia limpa. Pior: o governo federal tem atuado, de forma intencional e dolosa, na direção contrária. A situação só não é pior porque, no setor privado, grandes empresas têm se movimentado na tentativa de proteger tanto nossa imagem como nossa economia.

Estamos jogando pela janela aquela que é uma oportunidade de ouro para avançar. No século XIX, nos faltou carvão. Na maior parte do século XX, nos faltou petróleo. Hoje não nos falta sol, nem vento, nem plantas que forneçam combustível que reduz as emissões do efeito estufa. A matriz energética que a União Europeia, a China e os Estados Unidos querem para 2050 pode ser alcançada no Brasil em menos de uma década. Temos tudo para surfar a onda da economia do século XXI. Para isso, precisaremos inventar um modelo próprio de produção e sustentabilidade, já que não existe país no mundo que tenha características semelhantes às nossas em termos de variedade natural — somos a única grande potência tropical no mundo.

Mas, no ritmo em que a banda tem tocado, corremos o risco de ser enquadrados pelas três maiores economias do mundo como um país irresponsável na luta pelo equilíbrio ambiental. Empresários até têm tentado convencer as autoridades brasileiras de que estamos fazendo um péssimo negócio ao desdenhar do dinheiro ESG, como o do Fundo Amazônia: 1,4 bilhão de reais vindos da Noruega e da Alemanha, descartados por uma birra estúpida do governo Bolsonaro. Temos de mudar, e depressa. Não se trata de implementar um programa de governo, mas de nação: um sonho maior, um Plano de Metas Ambiental, que funcione de braços dados com o melhor do setor privado. Na União Europeia e no governo Biden, nos Estados Unidos, o investimento na transição ambiental não funciona como uma desaceleração da economia. Pelo contrário: é fonte de empregos e de serviços na área rural. É fonte de maior justiça social e climática.

Aproveitei o período de quarentena forçada para conversar também com a economista americana Rebecca Henderson. Especialista em inovação e mudança, Henderson é referência em ESG, além de ser uma das professoras de maior prestígio da Universidade Harvard. Ela foi enfática: empresas e governos que se negarem a se adaptar a esse novo modelo estão fadados ao fracasso. "Trabalhei para companhias como Kodak e Nokia, empresas que viram o futuro e se recusaram a mudar. E hoje quase ninguém as conhece mais", contou, com um exemplo ilustrativo. "Estamos em um momento similar, diante de uma profunda mudança, que implica as escolhas econômicas que vamos fazer se quisermos que o meio ambiente sobreviva e que nossa sociedade prospere."

Henderson diz que incentivar a produção de combustíveis fósseis, nessa altura do campeonato, é não só moralmente errado, como economicamente desastroso. "Quando você queima carvão ou óleo, você joga na atmosfera partículas venenosas de, por exemplo, mercúrio e chumbo. Ou seja, você está destruindo a saúde humana aqui e agora. Além disso, está contribuindo com o aquecimento global, o que naturalmente vai gerar imenso sofrimento no mundo. E é uma escolha econômica estúpida, porque significa investir em indústrias do passado." Ela diz que os maiores investidores do mundo estão tirando dinheiro de empresas petroleiras ou que não possuem planos de transição energética e colocando em tecnologias avançadas. "Seria um erro gigantesco se o Brasil, que possui um espaço imenso para evoluir e pessoas brilhantes, decidisse abraçar indústrias do século XX em vez de olhar para novos caminhos. Podemos derrubar as florestas, mas o que vem depois? Madeira queimada."

Contei para Rebecca Henderson que o governo brasileiro se empenha em não tratar a maior floresta tropical do mundo de forma séria. Que dirá administrar de forma inteligente, sustentável e moderna os trilhões de reais que existem ali. Ela lembrou que ninguém, nem mesmo os empresários, há de lucrar a longo prazo com esse descaso. "Não é nada bom para os empresários que as cidades sejam inundadas, que

159

as secas arruínem as colheitas ou que os sistemas agrícolas entrem em colapso. Não é bom para os empresários que milhões de pessoas se percebam deixadas para trás e sintam raiva. Isso aumenta o risco de surgimento de governos autoritários e extrativistas, de pessoas que chegam ao poder para enriquecer." Trata-se de um exemplo bastante ilustrativo da nossa realidade.

Antes de terminar este capítulo, quero destacar um trecho de uma conversa que tive com o jornalista Thomas Friedman, colunista do jornal *The New York Times*. Conheci-o em 2018, no mesmo evento na Itália onde fiquei amigo de Yuval Noah Harari, e voltamos a nos falar agora, em função da pandemia. Para Friedman, o grande desafio atual, que parte dos líderes mundiais ainda não entendeu, é de ordem filosófica: precisamos olhar o planeta por meio do prisma da natureza, e não da política, da economia ou da ideologia. Ele citou uma máxima do megainvestidor e filantropo americano Warren Buffett, segundo a qual a crise de 2008 foi como um mar em que a maré baixou, possibilitando ver quem estava nu e quem estava de short. Mas aquela crise era sobre o sistema financeiro. A atual é sobre meio ambiente e sustentabilidade.

"Esse período de pandemia deixou isso claro, pois a Mãe Natureza voltou a ter o mundo inteiro em suas mãos", explicou ele. "Pandemias são desafios que a Mãe Natureza nos lança, assim como incêndios florestais, secas, inundações e furacões extremos, que são desafios que ela joga sobre os seres vivos para descobrir quais são os mais aptos a deixar o DNA para a próxima geração. E quem a Mãe Natureza recompensa?

Minha mãe, Marta, com seus dois filhos, Fernando e eu, sua nora Angélica e seu genro, que também se chama Fernando (*no alto, à esq.*).

A aeronave modelo EMB-820C Carajá que transportava a nossa família em 24 de maio de 2015, do Refúgio Ecológico Caiman, no interior do Mato Grosso do Sul, para a capital, Campo Grande, depois de um pouso forçado em um pasto a 130 quilômetros do destino final. Nessa data e local renascemos.

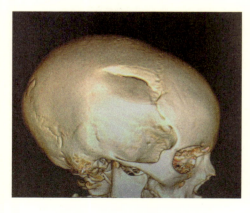

Raio X do crânio do Beni, em 22 de junho de 2019, depois de um acidente praticando wakeboard, em Angra dos Reis. Foi o pior dia das nossas vidas.

As pontes que eu gosto de construir. Nas vielas da comunidade Tavares Bastos, no Rio de Janeiro, promovi uma conversa rica e improvável sobre tecnologia e desigualdade entre o historiador israelense Yuval Noah Harari e o ex-maqueiro Douglas Oliveira, empreendedor social no Complexo da Coruja, em São Gonçalo.

Seu Pelé (*sentado ao meu lado*) é uma figura tão amada na cidade mineira de Lagoa da Prata que a população se mobilizou, por meio de um abaixo-assinado, para que a história dele chegasse a mim. E valeu a pena: foi um banho de sabedoria popular.

Parte da equipe do *Caldeirão* e eu, nas lavouras de soja em Sorriso, no Mato Grosso, capital brasileira do agronegócio. Temos uma brincadeira interna: sempre registrar uma foto, a cada viagem, em pose de banda em capa de disco.

Em mais uma conexão improvável, tia Lolô, educadora de Viamão, região metropolitana de Porto Alegre, em encontro na cidade de Songdo, na Coreia do Sul, com o professor brasileiro Soleiman Dias, que dirige uma escola local. Fizemos uma viagem ao país para ver de perto a transformação social ocorrida sobretudo por meio da educação.

Com alunos, em uma sala de aula de uma escola pública em Seul, capital da Coreia do Sul, onde vêm sendo testados novos modelos educacionais que, além da excelência, valorizam a arte e a criatividade.

Com Hamilton Silva, fundador da Saladorama, uma iniciativa que leva alimentação saudável a 27 comunidades em três estados do país.

Em 2018, no extremo norte da Sibéria, junto a uma família dos nenets, povo nômade dessa região da Rússia. Apesar do isolamento geográfico, estão conectados ao mundo, como mostra com orgulho a pequena Estela em seu celular fabricado na Índia. (*Na foto maior, sou o encasacado ao fundo.*)

Em 2014 com os zoés, povo isolado no coração da floresta amazônica no Pará, em visita a convite da Funai.

Eu e Angélica com o rabino Nilton Bonder e o padre Fábio de Melo, nossas âncoras espirituais.

Na ilha de Mosqueiro, Pará, em 2017, na visita que padre Fábio de Melo e eu fizemos ao Lar Acolhedor da Tia Socorro (*que está à minha direita, na foto*), a lição mais pura de altruísmo que já vivenciei.

Na favela de Vergel do Lago, periferia de Maceió, em Alagoas, em conversa com uma mãe de família catadora de sururu, um tipo de marisco. Estive lá ciceroneado por Carlos Jorge (*de camiseta verde*), criador do projeto Mandaver, que tem enorme impacto na comunidade, a ponto de tê-lo alçado ao cargo de secretário de Ação Social da prefeitura de Maceió.

Às margens do rio Juruá, no Amazonas, acompanhando a missão ribeirinha da Marinha do Brasil a bordo do navio de assistência hospitalar *Comandante Montenegro*. Lá pude conhecer a família de dona Diolinda e seu Clóvis, que havia 62 anos moravam em uma casa de palafita — na qual existia um único gerador, ligado apenas aos sábados, para assistir ao *Caldeirão*. Ali pude testemunhar também os sonhos de sua neta Eliana, que quer ser juíza, e as condições em que vivia parte de sua família, em uma casa sem paredes.

Com meus amigos e parceiros de boas ideias Ilona Szabó e Arminio Fraga, personagens fundamentais na minha busca por soluções que possam levar o Brasil a uma realidade mais justa e eficiente.

Com meus amigos Jorge Paulo Lemann e Denis Mizne, que me ajudam a fortalecer minha crença no poder transformador da educação.

Com Eduardo Mufarrej, Ilona Szabó, Patrícia Ellen, Leandro Machado, Ronaldo Lemos, Marcela Coelho, e, no centro, Paulo Hartung: uma turma que enxerga o Brasil através de lentes parecidas e busca soluções inovadoras e realistas para os principais problemas do país.

Em 2019, em um encontro no Insper, em São Paulo, para discutir a busca de soluções e geração de oportunidades para as favelas e comunidades do país. O encontro reuniu pensadores, acadêmicos, lideranças comunitárias e empreendedores como Preto Zezé, Raul Santiago, Ricardo Henriques, AD Junior, Adriana Barbosa, Wanderson Skrock, Washington Fajardo, Sérgio Guimarães Ferreira e Kondzilla, entre outros.

Em gravação do *Caldeirão*, em 2015, às margens do rio Charles, em Boston, com os alunos brasileiros bolsistas da Universidade Harvard: Larissa Maranhão Rocha, Henrique Vaz, além de Renan Ferreirinha e Tabata Amaral, que anos depois fariam parte do curso de formação de lideranças do RenovaBR, e acabariam sendo eleitos, respectivamente, deputado estadual e deputada federal em 2018. Na ocasião, aos dezoito anos, Tabata compartilhou seu desejo de um dia ser presidente da República. Eu acredito e apoio.

Em janeiro de 2019, durante um painel sobre o futuro da América Latina, no Fórum Econômico Mundial, em Davos.

Com os alunos da Escola Municipal Antônio Carlos Magalhães, em Madre de Deus, na Bahia.

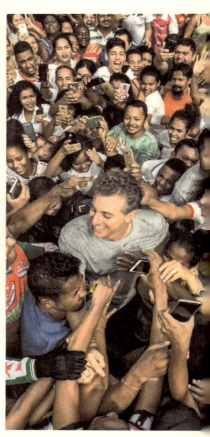

Recebido com muito carinho em Bacuri, no Maranhão.

Conversando com uma família de refugiados venezuelanos em um campo de acolhimento da Organização das Nações Unidas em Boa Vista, em Roraima.

Manifestação de carinho na periferia de Recife, onde fui recebido com uma versão minha dos tradicionais bonecos de Olinda.

Na comunidade batizada de Caldeirão, em Inajá, no sertão pernambucano.

Em Mirabela, Minas Gerais, em um bar à beira da BR-135.

Com mototaxistas em frente ao porto no distrito de Cacau Pirêra, no Amazonas.

Recebido com muito carinho em Bom Jesus de Goiás.

O braço tatuado de dona Claudilúcia da Silva, em Olho d'Água do Casado, em Alagoas. Vocês podem imaginar como foi esse encontro.

Com dona Vana, que havia duas décadas me escrevia com o singelo convite para que eu dormisse em sua pousada na Ilha do Ferro, em Alagoas. Não só dormi lá, como ganhei meu último abraço apertado e despreocupado antes da pandemia, no começo de 2020. Conto os dias para os abraços voltarem.

Certamente não os que se acham mais fortes, como Bolsonaro, nem os que se acham mais inteligentes, como Trump. Ela recompensa os mais adaptáveis, como mostrou Darwin."

A pandemia que estamos vivendo é gravíssima, mas pode ser apenas um aviso diante da mãe de todas as pandemias: a mudança climática, para a qual não haverá vacina caso não haja uma mudança coletiva imediata, em escala mundial, de mentalidade e capacidade de ação. Perdemos tempo, mas ainda temos uma oportunidade, graças à nossa natureza fértil, à diversidade do nosso bioma e ao nosso enorme potencial energético renovável. Temos a sorte de ser donos de um passe fundamental para a nova era. Não podemos desperdiçá-lo.

Estou seguro de que, com uma mudança clara de caminho, bastará o tempo de uma única geração para assumirmos o papel de grande potência verde do planeta, uma potência agroindustrial sustentável, líder em descarbonização, produtiva e comprometida com o meio ambiente, gerando riquezas para combater suas desigualdades. Eu acredito.

9. Da porta para fora:
Capitalismo 4.0

Até os sete anos, Carlos Jorge passou grande parte dos dias acorrentado ao pé da cama. Nada de circular pelas vielas da Quadra 12, favela localizada na região de Vergel do Lago, na periferia de Maceió, capital de Alagoas. Um ano antes, seu pai, alcoólatra, havia deixado a casa. A mãe passou a sustentar a família sozinha, trabalhando como empregada doméstica, o que a obrigava a deixar o menino aos cuidados de um tio. Pela manhã, Carlos Jorge frequentava a escola pública. Mas, em casa, de tarde, seu mundo era o quarto — e o cadeado. A situação, dantesca, era imposta pelo tio como uma espécie de fórmula para evitar que o garoto se envolvesse com a criminalidade da vizinhança.

Quando Carlos Jorge tinha nove anos, sua mãe se juntou com um companheiro. E o que parecia impossível aconteceu: tudo piorou, com surras e abusos frequentes. "Então comecei a delinquir, a roubar", ele contou. Carlos Jorge acredita que teria continuado naquele caminho, não fosse o esforço sobre-humano de sua vizinha, uma senhora com nome de santa, Maria Madalena. "Ela me resgatou. Eu dava muito trabalho, e quanto mais eu dava trabalho mais ela me incentivava, mais investia em mim. Eu fui vencido pelo constrangimento, porque a vida dela era um exemplo vivo de perseverança e resiliência", ele contou em uma entrevista recente.

Aos dezessete anos, com a morte de dona Maria Madalena, Carlos Jorge se viu no dever de participar cada vez mais de projetos sociais — era uma forma de dar continuidade ao legado de dona Maria, fazendo pelos outros o que ela havia feito por ele. Dez anos depois, já casado, pediu demissão de uma firma onde trabalhava como motoboy, juntou os trocados da rescisão e perguntou a sua esposa, quando chegou em casa: "Amor, vamos mudar o mundo?".

Eram onze horas da manhã de um dia no final de fevereiro de 2020, e eu caminhava pela favela do Mundaú com Carlos Jorge, seis anos depois de sua decisão de mudar o mundo. A covid-19 começava a se espalhar para além do território chinês, mas no Brasil a ideia de uma pandemia ainda parecia um pouco distante. Carlos falava de sua ONG, a Mandaver, que atendia 150 crianças por dia em uma casa bonita, bem cuidada, repleta de planilhas nas paredes, onde ele consegue visualizar o impacto de cada real investido. Além disso, contou de sua parceria com as escolas públicas da região, que havia quadruplicado o número de alunos matriculados.

Mas a excelência da ONG contrastava de maneira gritante com o entorno. Enquanto caminhávamos, Carlos Jorge ia me mostrando as vielas, ladeadas de casebres muito pobres, sem água ou esgoto, feitos no improviso com tábuas de compensado e telhas de alumínio. Meu único registro de algo semelhante remetia à visita que havia feito anos antes à Cité Soleil, a maior favela de Porto Príncipe, capital do Haiti. Na época, saí de lá convencido de que a humanidade não havia dado certo. Como era possível que pessoas vivessem naquela condição tão precária, a menos quarenta minutos de voo dos Estados Unidos, o país mais rico do mundo? Como era possível, em pleno século XXI, com tanta gente conectada e tanta informação disponível, que uma pequena distância geográfica continuasse sendo tão determinante no destino que teria a vida de cada pessoa? Pois aquele gosto amargo ameaçava se repetir, dessa vez no Brasil, em casa.

As favelas na região de Vergel do Lago (Mundaú, Sururu de Capote, Torre, Peixe e Muvuca) deveriam ser visitadas por todos, principalmente pela elite inerte do país. A maior parte da comunidade vive da cadeia produtiva do sururu, um tipo de marisco. Trabalho duro, que rende míseros cinquenta centavos de real por quilo. A situação, já suficientemente dramática, se agravaria ainda mais dali a algumas semanas, com a chegada da pandemia ao Brasil. Hotéis à míngua e restaurantes fechados fizeram despencar o consumo do sururu: de súbito, quase todos os 7 mil moradores da região perderam sua fonte de renda. Recebi relatos de fome e desespero.

Foi necessária uma pandemia avassaladora para levar a situação de carência crônica das favelas às primeiras páginas dos jornais. A falta de estrutura básica e de uma mínima qualidade de vida em Vergel do Lago está longe de ser uma exclusividade alagoana. Esse tipo de exclusão cruel está presente em todos os estados brasileiros. Sem exceção. Está cada vez mais evidente que a organização urbana terá de se transformar. Que a dinâmica da vida que nos trouxe até aqui não será mais a mesma, e que essa transformação passará pela ressignificação das cidades. Favelas são lugares de pessoas extremamente fortes, batalhadoras, resilientes, mas não é possível mais romantizar essa realidade. Não é possível construir um país justo enquanto tanta gente continua mergulhada numa situação de tamanha desigualdade.

O economista francês Thomas Piketty tornou-se um dos pensadores mais lidos do presente com a publicação de *O capital no século XXI*, lançado em 2013. Partindo de uma fórmula simples, Piketty constatou que, sem mudanças políticas, não há nem haverá como escaparmos do aumento da desigualdade, visto que a renda sobre o capital avança em ritmo mais acelerado do que o crescimento econômico. Exemplo didático: Jeff Bezos, dono da Amazon, ampliou sua fortuna para 188 bilhões de dólares durante a pandemia, enquanto o mundo mergulhava em um empobrecimento de escala planetária.

Para Piketty, não é possível pensar em um futuro mais próspero sem revermos as ações do Estado. E, no Brasil, há muito o que ser revisto, a começar pela questão tributária. O Brasil é hoje desigual demais para conseguir se desenvolver. Um dos motivos é a maneira como recolhemos impostos no país. Enquanto os tributos indiretos costumam ser bastante elevados — chegando a 20% ou 30% das nossas contas de luz, por exemplo —, os impostos sobre a circulação de capital são baixos, de 4% a 8% nos casos de transferências de heranças. Em alguns dos países mais ricos do mundo, como Estados Unidos, Inglaterra e França, ocorre justamente o contrário: as pessoas pagam menos impostos na conta de eletricidade e mais impostos sobre altas quantias de dinheiro.

Uma das relações mais construtivas, uma das peças mais importantes nesse projeto de cidadania ativa que venho exercitando nos últimos oito anos, é com o economista Arminio Fraga, que presidiu o Banco Central durante o governo de Fernando Henrique Cardoso. Sinto que minha experiência rondando o Brasil e a visão de mundo de Arminio geram um ciclo virtuoso quando se cruzam. Falando mais especificamente, sinto que as desigualdades que encontro país afora encontram soluções nas teorias econômicas dele. Por quê? Porque temos um denominador comum: querer construir uma sociedade mais justa, que diminua as desigualdades para gerar riqueza, e não uma sociedade que gere riqueza sem redução das desigualdades. Arminio não é daqueles economistas que só fazem contas; é um pensador e um humanista, alguém que faz contas para cuidar de pessoas. Ele sabe que responsabilidade fiscal não pode significar irresponsabilidade social e que não podemos brincar com a esperança das pessoas. Um país é no fundo uma enorme família; seu orçamento precisa ser tratado com a seriedade com que tratamos do orçamento familiar.

Meu primeiro encontro com Arminio foi durante um almoço em seu escritório, no Rio de Janeiro, em uma mesa repleta de potinhos, com a comida que, religiosamente, ele traz pronta de casa. Hoje, além de um amigo sensível, tenho nele um parceiro de boas ideias e de sonhos em comum, alguém com uma legítima vocação pública para arquitetar um projeto de país mais eficiente, mas também mais afetivo. Foi ele, inclusive, a primeira pessoa com quem conversei quando soube que Piketty seria meu entrevistado. Mesmo discordando de boa parte das teses de Piketty, Arminio reconhece a importância de seu trabalho.

"Precisamos de um sistema tributário mais igualitário, com mais justiça fiscal, aumentando os impostos dos bilionários, dos milionários. O imposto de renda é importante, mas os impostos sobre as fortunas são ainda mais", disse-me Piketty em setembro de 2020. "Defendo que haja um imposto compulsório sobre as fortunas. Porque o que acontece no topo da pirâmide social é que algumas pessoas concentram sua riqueza em empresas, sem caracterizá-la como renda — e assim não são devidamente taxadas." O resultado, perverso, é que os endinheirados aumentam suas fortunas muito mais rápido do que a média das pessoas.

Para remediar essa situação, Piketty considera justo cobrar mais de quem tem mais dinheiro. "Tudo bem existirem pessoas ricas e pobres, contanto que a diferença não seja muito grande e que todos consigam crescer na mesma velocidade. Se você olhar para dez anos atrás, as maiores fortunas eram de 30, 40 bilhões de dólares. Hoje, elas são de 100, 150 ou quase 200 bilhões. E a economia norte-americana não cresceu nessa mesma velocidade."

O que os bilionários precisam aprender, diz Piketty, é que não se conquista nada sozinho: todas as coisas boas que acontecem no mundo são frutos de um conhecimento coletivo. Bill Gates não fundou seu império do nada, trabalhando só ou com poucos amigos em uma garagem. Para que isso ocorresse, existiram milhares de cientistas da computação, técnicos e pesquisadores que deram os passos iniciais, no passado, permitindo que um sistema operacional como o Microsoft Windows pudesse existir exatamente na época de Gates. O conhecimento científico é cumulativo. Sem esse estoque de conhecimento comum, cultivado pela humanidade por centenas de anos, nada seria possível. A riqueza não é um passe de mágica que surge do nada, das mãos de um único indivíduo.

Piketty acredita que o mundo caminhou demais na direção do hipercapitalismo — um modelo que gerou riquezas e avanços, mas que precisa ser substituído por outras alternativas econômicas. Concordo com ele. Algumas das personalidades mais admiradas das últimas décadas, como Steve Jobs e Elon Musk, foram empreendedores capazes de construir empresas bilionárias que impactaram o cotidiano de bilhões de pessoas no mundo. Mas acredito que as cabeças mais admiradas das próximas décadas terão um perfil distinto — serão aquelas cabeças que consigam repensar o capitalismo, diminuir as desigualdades, solucionar a pobreza extrema. Hoje, temos 1% da população controlando 50% da renda mundial. Não é viável.

"O nosso sistema capitalista atual está danificando o planeta, criando muita desigualdade. Precisamos pensar em uma nova forma de socialismo, muito mais descentralizada, participativa, democrática, federal", explicou Piketty. "As pessoas da geração da Guerra Fria ou eram tentadas a ser comunistas ou eram muito anticomunistas. Acho que temos que reabrir a discussão. E acho que o crescimento das políticas identitárias é uma consequência de termos encerrado as discussões econômicas." Ele aprofundou sua tese: "Se você diz para as pessoas que há apenas uma forma de política econômica e que os governos não podem fazer nada além de controlar suas fronteiras e suas identidades, não espanta que, vinte anos depois, as pessoas só falem do controle de fronteiras e da proteção de identidade. Nós precisamos retomar a discussão econômica. Precisamos refletir sobre os desastres do século XX e partir para um novo século".

Em *Capital e ideologia*, publicado em 2020, Piketty propõe a criação de um sistema de herança comunitária, por assim dizer, onde todos receberiam um valor mínimo, em uma única parcela, ao completar 25 anos. A tese dele é que a prosperidade de um país decorre de três fatores: a diminuição da desigualdade, um sistema educacional mais inclusivo e a distribuição de renda. Essa poderia ser uma das maneiras de o Brasil começar a reparar as consequências nefastas, tanto econômicas quanto sociais, do período escravocrata.

Há muita coisa que o Estado pode fazer para a diminuição da desigualdade no Brasil. O Centro de Debates de Políticas Públicas, uma organização sem fins lucrativos, publicou um estudo em 2020, coordenado pelo pesquisador Vinícius Botelho, da Fundação Getulio Vargas, argumentando que é possível reduzir de 11% a 24% da pobreza apenas redesenhando a estrutura de benefícios do governo federal, sem nenhum orçamento adicional. Para isso seria necessário fazer um redesenho dos programas sociais, com a fusão do Bolsa Família com o salário-família, o abono salarial e o seguro--desemprego, por exemplo. Isso geraria uma eliminação de redundâncias, por um lado. Por outro, poderia resultar em um aporte maior, milimetricamente direcionado, apenas com o uso inteligente da nossa base de dados. Se João precisa de 217 reais para não cair na linha da pobreza, João vai ganhar 217 reais. Se Maria precisa de 359 reais, Maria vai ganhar 359 — e assim por diante, com grande parte da população. Imagine como o nosso país já melhoraria com essa medida.

Durante a pandemia, em 2020, o Congresso Nacional aprovou um importante programa de auxílio emergencial, que deu de seiscentos a 1200 reais a 64 milhões de pessoas, de forma a impedir que elas despencassem na miséria. Foi um programa necessário, que evitou o caos social. Num cenário ideal, um programa como esse deveria existir de forma ininterrupta. No cenário real, de teto de gastos e rombo nas contas públicas, esse prazo estendido é inviável — a menos que o programa seja extremamente bem planejado, fundamentado e executado. Para entender melhor como isso poderia ser feito, fui conversar com outro pensador estrangeiro, o historiador holandês Rutger Bregman.

Com 33 anos, Bregman integra uma nova onda de ativistas globais que inclui a congressista democrata americana Alexandria Ocasio-Cortez e a ambientalista sueca Greta Thunberg. Ele cresceu naquele momento de transição dos milênios, no qual grandes batalhas ideológicas eram consideradas ultrapassadas e sepultadas, o que parecia prenunciar um futuro de prosperidade. Durante meu isolamento, li seu último livro, *Utopia para realistas*, uma obra que se dispõe a discutir a construção de um mundo melhor usando a utopia como ferramenta. "Estamos vivendo numa era em que profecias bíblicas estão se tornando realidade", ele escreveu no livro. "O que teria parecido milagroso na Idade Média agora é normal: cegos que voltam a enxergar, aleijados que podem andar e mortos que voltam a viver." (No caso dos mortos, ele está falando de animais extintos trazidos de volta à vida por obra da manipulação de DNA.) Era a visão de um otimista. Por isso comecei nosso papo perguntando se a pandemia havia mudado a visão dele sobre o futuro.

"Nos últimos quarenta anos, vivemos a era neoliberal", respondeu Bregman, referindo-se à corrente econômica que nasceu em meados dos anos 1950 e que teve como gurus os economistas Milton Friedman e Friedrich von Hayek. Liberais ortodoxos, Friedman e Hayek acreditavam que o mercado poderia resolver tudo e que as empresas privadas poderiam salvar tudo desde que o governo saísse da frente, abolindo regras e diminuindo impostos. Nessa visão utópica, todos ganhariam, o que acabaria contribuindo, de forma indireta, para a redução da desigualdade. A teoria teve uma influência imensa nos anos 1970 e 1980, quando Ronald Reagan foi eleito presidente nos Estados Unidos e Margaret Thatcher tornou-se primeira-ministra do Reino Unido.

Bregman nasceu em 1988, um ano antes da queda do Muro de Berlim, que marcou o fim da Guerra Fria entre Estados Unidos e União Soviética. "Depois da queda do Muro, as pessoas tinham essa ideia de que havíamos chegado ao 'fim da história', de que o comunismo havia perdido, de que esse modelo de capitalismo democrático era o único viável, de que os grandes problemas políticos estavam resolvidos. Obviamente é muito difícil acreditar nisso em 2020, quando vimos uma pandemia mudar completamente nosso mundo", disse.

Hoje, Bregman acredita que a era neoliberal está chegando ao fim. "A era antiga girava em torno dos valores da competição e do individualismo, da noção de que as pessoas são fundamentalmente egoístas. Mas agora estamos caminhando para algo diferente, que pode ser muito pior, mas também muito melhor." Ele mencionou um texto publicado em 2020 pelo *Financial Times*, o principal jornal de negócios do mundo. "O *Financial Times* é um jornal para pessoas ricas, e mesmo assim publicou um artigo, assinado por seu conselho editorial, dizendo que é preciso 'reverter a direção das políticas dos últimos quarenta anos' e aumentar os impostos dos ricos." O texto também rechaçava o conceito conhecido como "mão invisível", dizendo que o governo deveria ter um papel mais ativo, com políticas mais arrojadas para estimular a inovação, combater a mudança climática e erradicar a pobreza. "Não estou dizendo que isso vai acontecer, mas acho que existe a esperança", prosseguiu Bregman. "Essas ideias eram antes totalmente descartadas por serem consideradas ridículas, às vezes até bizarras; hoje voltam às páginas mais importantes dos jornais. É um indício de esperança."

Dentre as ideias que Bregman diz que eram antes descartadas como ridículas e bizarras, mas que ganharam destaque recentemente, está a de uma renda básica para a população. Programas dessa natureza foram implementados de forma emergencial em diversos países desde o início da pandemia. Eu quis saber dele, um estudioso do tema, em que pé estão hoje essas discussões.

"Há esse debate antiquado entre pessoas de direita e de esquerda, no qual as pessoas à esquerda dizem 'nós precisamos ajudar os pobres, dar dinheiro a eles', e as pessoas à direita dizem que 'não, pois isso torna as pessoas dependentes e preguiçosas, além de ser insustentável a longo prazo'. Esse é o debate padrão que geralmente vemos na política. Acho que devemos enxergar além disso. A renda básica, na verdade, é um investimento que paga a si mesmo", disse Bregman. "Se você é um empreendedor, certamente sabe que, para ficar rico no futuro, deve começar a fazer investimentos agora. Temos muitas evidências científicas de que dar às pessoas os meios para tomarem as próprias decisões raramente resulta em desperdício de dinheiro. A maioria dos pobres gasta seu dinheiro em moradia, educação, roupas, nas necessidades básicas. E, com o básico à mesa, você vê as crianças indo melhor na escola, a evasão diminuindo, a criminalidade caindo, o que leva a uma queda nos custos com polícia, assistência médica emergencial e sistema judiciário. Se uma criança vai melhor na escola, ela vai conseguir um emprego melhor; e, se tiver um emprego melhor, vai pagar mais impostos. Logo, isso é um investimento que dá retorno. Se as pessoas são mais saudáveis, elas podem trabalhar por mais tempo e pagar impostos por mais tempo."

É por isso que a renda básica não é algo de direita ou de esquerda, é apenas algo necessário, que precisa acontecer. Estudos divulgados em 2018 pela Organização para a Cooperação e Desenvolvimento Econômico, a OCDE, e em 2020 pelo Fórum Econômico Mundial indicam que as famílias pobres brasileiras precisam de nove gerações para ascender ao padrão médio de renda em nosso país. É por dados como esse que Bregman defende a necessidade de se criar não apenas uma renda básica, mas uma renda básica universal, capaz de erradicar completamente a pobreza e de dar a todos um pouco de capital de risco para que as pessoas tenham mais chance de fazer suas escolhas (em termos bem resumidos, uma renda básica universal é algo parecido com o Bolsa Família, com um valor fixo de ajuda, só que ampliado a toda a população; já a renda básica é um passo além, e mais direcionado, em que nem todos ganham ajuda governamental — já que nem todos precisam —, mas que garante que todos vivam com um mínimo de dignidade).

Bregman defende que os governos deem ao cidadão algum tipo de capital inicial de giro, seja simbólico (através da educação) ou financeiro (através de uma renda básica): "Todo empreendedor precisa de capital, de algo para começar, para que possa investir e buscar um retorno para esse investimento. É daí que devemos partir". Ele contou que no Vale do Silício, polo global de tecnologia e inovação na Califórnia, esse dinheiro é chamado de "capital do dane-se". "É o dinheiro que você precisa ter na sua conta para poder dizer não, para que possa se demitir. O poder de dizer não é a liberdade mais importante que uma pessoa pode ter. Bilhões de pessoas no mundo não têm esse poder, pois são dependentes de seus empregos ruins, das pessoas do topo. Eu quero viver em um mundo onde todos tenham um 'capital do dane-se', onde todos tenham o poder de dizer não e possam se mudar para outra cidade, para outra empresa ou até abrir uma empresa própria. As pessoas precisam ter a chance de correr riscos." É aí que entra a necessidade de uma renda básica. "Obviamente, não é algo que vá propiciar a ninguém uma vida luxuosa, e sim algo capaz de prover o suficiente para as necessidades básicas: roupa, comida, saúde, abrigo, educação para os filhos. Uma sociedade assim seria muito mais inovadora."

Qual seria a maneira mais eficiente de erradicar a pobreza? Seriam os programas de transferência direta de recursos ou os programas de benefícios sociais? Por exemplo, para a população em situação de rua, é melhor dar dinheiro para que a pessoa alugue um lugar para morar ou criar albergues de acolhimento com serviços sociais?

"Quando você vir uma pessoa desabrigada na rua, pense que essa pessoa, em outro mundo, poderia ser sua advogada, sua professora, sua enfermeira", ele respondeu, num bonito exercício de imaginação. "O que é a pobreza? Pobreza é a falta de dinheiro. Como você resolve isso? Você dá dinheiro às pessoas. Isso funciona? Sim, temos muitas evidências disso. Podemos pagar por isso? Sim, podemos, porque não fazer nada a respeito da pobreza é muito mais caro. Os países com mais pobreza são prósperos, estão indo bem? Não, claro que não. Quais são os países mais inovadores, com os maiores índices de desenvolvimento humano?" Bregman citou o exemplo dos países da Escandinávia — Noruega, Suécia e Dinamarca —, onde todos têm direito a um forte Estado de bem-estar social, que provê educação e saúde de qualidade. "Esse modelo fornece uma sociedade mais eficiente e civilizada, onde todos se beneficiam, inclusive os ricos."

Para Bregman, as pessoas devem ser mais críticas quando ouvirem economistas, jornalistas e políticos afirmando que o crescimento econômico é a coisa mais importante do mundo. A questão é: crescimento do quê? O PIB não mede todos os fatores. Um exemplo: um país aumenta sua produção industrial, o que pode levar a um aumento do PIB. Mas essa produção tem uma consequência, que é o aumento da poluição. Como estamos num contexto perigoso de aquecimento global, a poluição tem de ser limpa, o que vai gerar um custo — financeiro e obviamente ambiental — que não estará computado no crescimento do PIB.

Concordo com Bregman sobre a necessidade de abandonarmos essa medida. "Talvez o PIB fizesse mais sentido nos anos 1930, 1940, especialmente durante a Segunda Guerra Mundial, quando era necessário construir tanques, aviões, armas, tudo com a maior rapidez possível", ele continuou. "Naquela época, em que inexistia a preocupação ambiental, talvez fizesse sentido olhar para esses dados para indicar que a economia estava avançando. Mas a guerra acabou. As coisas que fazem a vida valer a pena agora são outras: são as conexões, a amizade, o cuidado, valores subjetivos que são difíceis de mensurar."

Fiz essa mesma pergunta, sobre o PIB, para a professora Rebecca Henderson. Além de comandar um dos cursos mais disputados da Harvard Business School, Henderson é autora do recém-lançado *Reimagining Capitalism in a World on Fire* [Reimaginando o capitalismo em um mundo em chamas], em que faz uma defesa de um capitalismo mais responsável, menos selvagem.

"O conceito de PIB foi inventado há cerca de cem anos. As pessoas eram mais pobres, e fazia sentido pensar que a felicidade estava atrelada a quantas coisas elas possuíam", disse Henderson. "Mas agora sabemos que a felicidade é determinada por uma série de outras coisas. As pessoas no Brasil são muito mais felizes do que deveriam ser, dado o seu nível de renda. E as pessoas na Europa Oriental são muito menos felizes. Podemos especular a razão disso, mas ela não se resume à renda." Henderson acredita que o PIB seja apenas "um retrato da produção recente, não uma medida do estoque de longo prazo", como explicou: "É como administrar uma empresa sem acompanhar o que acontece com os seus ativos. Você pode aumentar o PIB cortando todas as árvores do país, mas estará destruindo todos os seus ativos de longo prazo. Hoje, a variação do PIB já não faz mais sentido como medida. Precisamos equalizá-la com medidas de igualdade, bem-estar social e preservação ambiental".

Tempos atrás, passei alguns dias no Preá, uma praia paradisíaca no Ceará que está se desenvolvendo por causa das correntes de vento, que a tornaram um ótimo ponto para a prática do kitesurf. Mas hoje, por exemplo, se uma grande indústria petroquímica se instalasse no local, o PIB do Preá cresceria de maneira extraordinária, apesar dos impactos negativos sobre o meio ambiente. Valeria a pena?

Henderson acredita que o modelo atual do capitalismo chegou a um limite: "Os valores que, na minha visão, conferem ao capitalismo sua legitimidade são prosperidade e liberdade para todos. Se o capitalismo colapsa, a ponto de que poucos de fato se tornam ricos e têm acesso a oportunidades, ele perde sua legitimidade moral, seu apoio político e, a longo prazo, torna-se ruim para aqueles que têm dinheiro". Concentração de poder e renda em um pequeno grupo leva a uma desaceleração das taxas de inovação e do crescimento econômico. "O que faz uma sociedade mais próspera e rica no longo prazo é trazer todos para dentro da sociedade, dar chances a todos. De outro modo, a raiva cresce."

Durante minhas leituras no período de quarentena ao qual estamos submetidos enquanto escrevo este livro, fiquei interessado também pelo trabalho dos três vencedores do prêmio Nobel de economia de 2019, Abhijit Banerjee, Esther Duflo e Michael Kremer. "Os laureados desenvolveram um novo método para obter respostas confiáveis sobre as melhores maneiras de combater o problema da pobreza global. O tema é dividido em uma série de perguntas menores — porém mais precisas." Eles então respondem cada uma delas usando um experimento de campo. Em apenas vinte anos, essa abordagem "reformulou completamente a pesquisa no campo conhecido como economia do desenvolvimento", explicou o comitê do Nobel, quando o prêmio foi dado. As pesquisas, empíricas, foram feitas em países como Quênia e Índia.

Esther Duflo nasceu em 1972. Isso faz dela a pessoa mais jovem a receber o Nobel de economia (e apenas a segunda mulher, um dado triste, que, espero, venha a mudar). Assim como Rutger Bregman, ela defende a necessidade de haver um programa de ajuda governamental, só que mais amplo: ou seja, não apenas uma renda básica, mas uma renda básica universal. Num país como o Brasil, onde vivemos a terrível realidade da pobreza hereditária, um rendimento básico fornecido pelo Estado constitui a ideia mais eficiente para tirar famílias da extrema pobreza. Essa necessidade, aliás, se tornou ainda mais urgente durante a pandemia, quando pessoas que já beiravam a pobreza extrema se afundaram dramaticamente.

Um programa de renda básica universal teria três consequências, segundo ela. A primeira, crucial, é que as pessoas não passariam fome. A segunda é que o programa acabaria por acelerar o consumo, muitas vezes entre pessoas de baixa renda, evitando crises de demanda. E a terceira consequência é que, sem os problemas mais elementares, as pessoas se sentiriam mais dignificadas, e portanto mais confiantes. Não se trata apenas de uma solução econômica, portanto. Trata-

-se, no fundo, de uma maneira profunda de transformar a sociedade. Não é pouca coisa.

Mas, para que as boas ideias saiam do papel, é preciso torná-las viáveis. Quando se discute a renda básica universal, surgem com frequência questões que não podem ser desprezadas. Uma das mais relevantes, já que o programa custa dinheiro, é como financiá-lo, e a necessidade ou não, nesse contexto, da austeridade fiscal.

Para países pobres, a vencedora do Nobel recomenda que se busque implementar uma renda fiscalmente suportável. Por isso, o foco deve estar na renda ultrabásica, que não pesa demais no orçamento do Estado. Esse rendimento pode não ser suficiente para garantir uma vida decente o tempo todo, mas precisa evitar a fome e a miséria. No caso do Brasil, Duflo calcula que cerca de 30% da população deveria receber o benefício — cerca de quatro vezes mais do que as 14 milhões de pessoas que recebem o Bolsa Família. Mas como fazer com que isso não gere um rombo nas contas públicas, já que o valor da renda básica estaria disponível a toda a população?

"As pessoas precisariam fazer um certo esforço todo mês, indo a um caixa eletrônico, por exemplo, e colocando sua impressão digital, algo fácil, mas que requer um atendimento presencial", ela respondeu. "Então, você não vai pedir sua renda ultrabásica se não precisar mesmo dela. As pessoas que vão acessá-la, mesmo que esteja disponível universalmente, serão apenas as que de fato necessitarem. Assim, embora seja universal em termos de direito, ela não é universal em termos de quem realmente a recebe." Trata-se de uma visão um pouco utópica, dado o histórico de brasileiros que receberam o auxílio emergencial, durante a pandemia, mesmo sem ter necessidade.

Eu prefiro acreditar num programa de renda básica que não seja universal, mas que seja extremamente informatizado e personalizado, permitindo que cada pessoa necessitada receba aquilo de que realmente precisa de forma a ter uma vida digna. No Brasil, temos uma enorme quantidade de dados, ainda que desconexos, pouco integrados. Entre eles, temos um cadastro único, que durante esta pandemia foi estendido e hoje lista 77 milhões de brasileiros na base da pirâmide econômica. Nesse sentido, a tecnologia aparece como uma enorme aliada para criar atalhos para solucionar atrasos.

No final da nossa conversa, Duflo citou um exemplo de como a tecnologia pode se aliar à distribuição de renda. No Togo, um país pequeno e pobre da África Ocidental, a maioria das pessoas tem acesso às suas finanças pelo telefone. Na primeira semana da pandemia, o governo conseguiu estabelecer uma ação para as duas maiores cidades do país. Bastaram três dias para que 1 milhão de pessoas se registrassem. As pessoas respondiam um questionário sobre sua renda, que era cruzado com dados de cadastro eleitoral e com informações sobre onde moravam (as áreas mais pobres das cidades foram priorizadas). Mais alguns dias e 500 mil pessoas já estavam recebendo os depósitos. Isso só foi possível graças à tecnologia.

Eu já tinha ouvido falar desse exemplo do Togo meses antes, através de Ronaldo Lemos, do Instituto de Tecnologia e Sociedade. Perguntei a ele se seria possível repetir o exemplo do Togo no Brasil. Logo estávamos falando também com Daniel Goldberg, um dos gênios da minha geração. Pupilo de Márcio Thomaz Bastos, ex-ministro da Justiça, Daniel foi secretário de Direito Econômico aos 27 anos, no governo Lula. Hoje, é um dos meus interlocutores mais frequentes na discussão sobre arquitetura, engenharia e obras necessárias para criar um projeto de país para o Brasil.

Entusiasmado com a ideia, Daniel passou a desenhar um sistema de transferência de renda via chip de telefone celular, algo inédito no Brasil. Nossa preocupação era que a fome chegasse mais rápido que o vírus nas periferias. Pouco tempo depois, em março de 2020, lançamos o Zap do Bem, que usava o WhatsApp para fazer as doações chegarem à ponta sem burocracia, sem empecilhos logísticos e com grande agilidade de operação. A ideia era que cada pessoa recebesse duzentos reais não na conta do banco, mas diretamente *no* celular —, e que esse dinheiro pudesse ser usado para pagar boletos, fazer transferências e até comprar itens em pequenos comércios cadastrados. Não queríamos concorrer com o poder público; queríamos ajudar pessoas com renda menor que oitocentos reais, de forma a evitar a ocorrência de um cenário calamitoso em favelas de Alagoas, Pernambuco e da Bahia.

Conseguimos 2,5 milhões de reais em doações, que foram distribuídos para 18 mil famílias. E adivinha quem foi a peça-chave na implementação desse piloto? O Carlos Jorge, lá em Vergel do Lago. Em tempo: hoje ele é secretário de Assistência Social da prefeitura de Maceió.

10. Da porta para dentro: Antirracismo

A Companhia Cinematográfica Vera Cruz era a meca do cinema brasileiro nos anos 1950. Localizada na cidade de São Bernardo do Campo, na Grande São Paulo, ela formou uma geração de cineastas. Filmes que ganharam reconhecimento internacional, como O cangaceiro, de Vítor Lima Barreto, saíram dessa espécie de Hollywood dos trópicos. Foi lá também que despontou o ator e comediante Amácio Mazzaropi, um dos maiores sucessos de público da nossa história.

A companhia encerrou as atividades em 1954, mas os estúdios onde os filmes foram feitos existem até hoje. São dois galpões gigantescos, de quase 4 mil metros quadrados de área. É lá que gravamos The Wall, um game show de muito sucesso na televisão americana, em que perguntas e prêmios são projetados em um telão com 21 metros de altura (daí o nome, que significa "o muro" em português). Na versão brasileira, adquirida pelo Caldeirão, premiamos os participantes com até 1,7 milhão de reais.

Foi ali no estúdio da Companhia Vera Cruz que eu conheci dona Geralda, uma senhora simpática, de 63 anos, que mora em Taboão da Serra, perto de São Paulo, onde trabalha como técnica de enfermagem. Dona Geralda se inscreveu no quadro esperando ganhar dinheiro suficiente para visitar Paris, sonho que alimentava desde os dezesseis anos de idade, quando viu as primeiras fotos da capital francesa. Como o jogo é disputado em dupla, ela estava acompanhada de sua filha, Paula.

Eu tenho o hábito de só assistir aos episódios do *Caldeirão* em casa, no momento em que eles vão ao ar, como todo telespectador. Sábado sim e o outro também me sento diante da televisão com minha sogra e maior parceira de sofá, dona Angelina. Espirituosa, dona Angelina acaba sendo um termômetro do conteúdo que levo ao ar. Se ela gostou, se emocionou, se envolveu, é grande a chance de o público também ter gostado.

O episódio com dona Geralda foi exibido no final de junho de 2020, em plena pandemia. Naquele sábado, eu e minha sogra repetimos o nosso ritual, vibrando com a vitória daquela família, que levou mais de 200 mil reais para casa. Somente horas depois fui perceber que havia acontecido alguma coisa errada naquele programa.

"Dona Geralda, o pai dos seus três filhos é o mesmo?" Eu já havia feito esse tipo de pergunta inúmeras vezes ao longo da minha carreira na televisão. Minha intenção sempre havia sido entender melhor cada pessoa que chegava ao programa, para conseguir montar o quebra-cabeça da sua história. Mas, dessa vez, houve enorme reação nas redes sociais, apontando o caráter preconceituoso da pergunta.

Desconstruir o racismo estrutural — por vezes violento e explícito, por vezes velado — é uma tarefa que precisamos enfrentar não apenas como indivíduos, mas como nação. O primeiro passo é olharmos com mais atenção para o espelho da consciência e julgar nossas próprias atitudes com lentes novas — como fui levado a fazer a partir da reação à minha pergunta para dona Geralda.

Quem me ajudou a entender o que estava em questão foi Luana Génot, fundadora do ID_BR, o Instituto Identidades do Brasil, que se dedica a acelerar a promoção da igualdade racial em ações de emprego, educação e engajamento. Eu já havia me encontrado com Luana outras duas vezes, a primeira durante a gravação de um episódio do *Caldeirão*, a segunda durante uma palestra do ex-presidente americano Barack Obama em São Paulo, em 2019. Mas foi durante a pandemia que me aproximei mais dela, por meio do meu amigo AD Junior, outra voz potente na luta contra o racismo no Brasil.

Mestre em relações étnico-raciais, Luana consegue ter um impacto na vida de milhares de pessoas através de sua ONG. Não contente em militar na esfera pública, ela treina empresas para que passem a incentivar a igualdade racial dentro do ambiente de trabalho. Também procura parceiros privados para que ofereçam bolsas de estudo para a formação de pessoas negras em diversas áreas profissionais. Por fim, oferece cursos de ensino à distância — destinados a pessoas de todas as cores, justamente para que aprendam a identificar comportamentos racistas em si próprias e nos outros. Luana era a pessoa ideal para me ajudar a entender, a fundo, o que havia acontecido naquele *Caldeirão*.

Luana me explicou que mulheres negras, como ela e dona Geralda, já estão mais do que cansadas de serem questionadas sobre os seus relacionamentos. Microagressões como essa, disse, fazem parte de uma estrutura machista e racista da sociedade que é imposta à população feminina negra todos os dias — isto é, associar a trajetória de mulheres, sobretudo negras, à ideia de vários parceiros. "São perguntas que você simplesmente não faria para um homem", disse.

Ela me explicou que essa discussão que havia ocorrido, sobre meu erro no *Caldeirão*, tinha menos a ver comigo do que com a maneira pela qual a sociedade é estruturada. Ou seja: o meu erro era reflexo de uma estrutura social tão antiga, tão arraigada em nossa cultura, que acabou por transformar em norma frases que deveriam ser vistas como agressão — daí, inclusive, a origem do termo "racismo estrutural". É preciso observar o quanto a estrutura social ainda exclui pessoas negras e agir socialmente para incluí-las. É preciso também agir intimamente para rever o nosso vocabulário, as nossas ações, para entender que nós, por mais bem-intencionados que sejamos, fazemos parte dessa estrutura. Não agir acaba sendo uma forma de reproduzir o erro.

Luana me lembrou que uma frase, qualquer que seja, não carrega apenas o sentido atribuído por quem a pronuncia, mas também o sentido que vai ser dado por quem a recebe, e o sentido que a própria estrutura social lhe impõe. Não se pergunta a uma mulher se ela teve vários parceiros, porque as mulheres já escutam frases como "Ah, quem mandou ter vários parceiros?" quando sofrem uma violência doméstica. Um caminho sugerido por Luana é fazer esse tipo de pergunta antes, fora do ar, e tentar entender se é um assunto que as pessoas queiram compartilhar, se faz parte, de fato, da história de vida delas, ou se não passa de uma pergunta aparentemente corriqueira que vai acabar por reforçar um estereótipo.

A conversa com Luana aprofundou uma lição que recebi do meu amigo AD Junior. Eu costumava falar que não via a cor das pessoas com as quais me relacionava ou que iam ao *Caldeirão*. Um dia, AD me disse: "Não, Luciano, você tem que ver a cor, porque a cor faz muita diferença no Brasil. A cor é a diferença entre ter ou não oportunidade, é a diferença entre ter ou não a capacidade de se movimentar para cima na pirâmide social". Desde então, passei a observar a cor em qualquer história que esteja contando. E agora cabe a mim, na televisão e fora dela, também prestar mais atenção nesse aspecto estrutural do racismo.

Não basta não ser racista, é necessário ser antirracista, para lembrar a célebre frase da filósofa e ativista negra americana Angela Davis. Só assim poderemos enfrentar essa chaga terrível da nossa história que é a escravidão. Nunca é demais lembrar que o regime escravocrata foi a norma, no Brasil, por quase quatrocentos anos — ou seja, nós, como nação, temos muito mais tempo de vida sob a marca dessa injustiça do que sob a tentativa de algum projeto de igualdade. Os historiadores estimam que nada menos do que 5 milhões de africanos dos mais diversos lugares tenham sido trazidos à força para cá nos navios negreiros (e esse é o número dos que chegaram vivos, pois muitos morriam na travessia atlântica — não à toa, eles eram chamados também de navios tumbeiros). Pior: quando a escravidão foi finalmente declarada extinta, no dia 13 de maio de 1888, não se colocou em prática nenhuma política que integrasse os negros libertos ao restante da sociedade, que lhes desse acesso à terra ou à moradia, que lhes permitisse ter um trabalho livre ou uma renda básica. Eles foram deixados à própria sorte. E, desde então, passado mais de um século, muito pouco foi feito para reparar essa tragédia. Não bastasse termos sido o último país das Américas a abolir a escravidão, nós nunca, até recentemente, havíamos enfrentado de frente, com força, essa herança tenebrosa. Quer um exemplo didático? Faço-o com uma provocação da própria Luana: "Se o Brasil é um país de maioria negra, e se o número de negros triplicou nas universidades, onde estão eles nos quadros de liderança?".

A luta antirracista começa, portanto, com um plano de educação antirracista. "É claro que é fundamental defender uma educação pública de qualidade, mas também é necessário defender um projeto de educação antirracista", ensinou-me Luana. Um exemplo gritante: a escassez de personagens negros que façam parte da educação histórica e literária dos nossos filhos, como se a matriz eurocêntrica fosse a única possível para a disseminação de conhecimento — e isso num país onde nasceram João Cândido, Pelé, Mãe Menininha, Machado de Assis, Cartola, Zumbi dos Palmares, Pixinguinha, Grande Otelo, Carolina Maria de Jesus, Bezerra da Silva, Gilberto Gil, Conceição Evaristo, Emicida, Marina Silva, para citar apenas alguns. É necessário quebrar esse padrão para o nosso próprio bem. Também é preciso entender que ser antirracista não é fazer nenhum favor aos negros. É fazer um favor para si mesmo.

Luana me explicou que essa questão também tem a ver com entender esse nosso lugar de privilégio e escapar dele. "Nunca diga 'Ah, mas eu sou branco, então não posso atuar nessa luta'. Você pode, sim. A partir dessa compreensão mais profunda do racismo que estrutura a nossa sociedade, você pode usar o seu lugar de fala como branco e o poder das suas redes para ampliar esse debate, reconhecendo o seu lugar de privilégio e fazendo com que outras pessoas da sua rede também o façam, porque minha voz não vai necessariamente ecoar pra elas, mas a sua certamente vai."

Uma pessoa branca e privilegiada é, também, uma pessoa racializada, já que existe uma narrativa, inversamente proporcional, que associa os brancos — ainda mais se forem homens e heterossexuais — a uma ideia torta de competência, por exemplo. O Brasil tem 117,3 milhões de pessoas negras, 56,1% da população, e teve apenas um presidente negro, Nilo Peçanha. Os Estados Unidos também tiveram um único presidente negro, e outros 45 brancos. Esse número trágico nunca esteve associado à competência (que o diga a experiência nefasta da presidência de Donald Trump), e sim à estrutura de racismo — e também de machismo — dessas duas sociedades.

Para entender um pouco mais sobre essa herança escravocrata que ainda estrutura a nossa sociedade, fui conversar com Graça Machel. Nascida em Moçambique, Graça tem 75 anos de vida e décadas de ativismo nas áreas de direitos humanos, educação, saúde e proteção infantil. Foi ministra da Educação e Cultura e primeira-dama de seu país de origem, além de primeira-dama da África do Sul, quando foi casada com Nelson Mandela.

Graça explicou que a luta contra o racismo passa também por uma reforma das instituições e das leis que ajudam a perpetuar essa herança. O Brasil é um país com mais de 200 milhões de habitantes que contempla sua população de maneira muito desigual (costumo chamar esse mal, que define o futuro de uma pessoa de acordo com o local onde nasce, de loteria do CEP — algo que precisa ser interrompido).

É preciso que tenhamos um olhar mais atento para aqueles que têm sido mais desfavorecidos ao longo da história. Para que isso ocorra, Graça sugere que, numa primeira fase, essas pessoas recebam uma fatia maior do bolo orçamentário, para que assim tenham mais chances de chegar a um nível de igualdade que já deveriam ter alcançado décadas ou séculos atrás. Hoje, uma criança branca e uma criança negra têm os destinos radicalmente separados, já na largada, pelo quadro de oportunidades que cada uma terá. É necessário chegar a um país onde qualquer pessoa tenha direito ao mesmo ferramental, por assim dizer. Um país em que qualquer um possa entrar numa empresa, no quadro mais baixo, e se achar no direito de olhar para cima e de acreditar que pode chegar lá. "Somos todos humanos, e, já que somos todos humanos, devemos ter todos a mesma dignidade", diz Graça.

"É nossa obrigação pensar em quem realmente é o motor da economia de um país", ela prossegue. "É preciso questionar por que é tão pequena a presença de negros em altos escalões das empresas nacionais, ou em altos cargos do Legislativo, do Executivo e do Judiciário. É preciso desmantelar esse sistema injusto, perverso, através de políticas públicas. É preciso partir do debate para a ação."

Essa fala de Graça, sobre o "motor da economia", me remeteu a uma conversa que tive com Matheus Pires Barbosa, motoboy que foi vítima de uma agressão racista em agosto de 2020. A agressão ocorreu dentro de um condomínio na cidade de Valinhos, em São Paulo. "Você sabe o que vai acontecer com o seu futuro? Desempregado", disse o morador do condomínio a Matheus, que estava lá para lhe entregar um pedido feito por um aplicativo de comida. "Esse negócio de motoboy, você não tem nem onde morar, moleque. Você tem inveja disso", continuou o homem, fazendo o gesto repulsivo de passar os dedos na própria pele. Filmada, a cena acabou viralizando, como prova inequívoca do que temos de pior dessa herança racista e escravocrata.

Consegui falar com Matheus no dia seguinte, por chamada de vídeo. "Motoboy tem sido uma das classes mais importantes pra humanidade hoje", ele comentou, mencionando um fato tão verdadeiro quanto ignorado. "Tem dias que eu faço 25 entregas. São 25 pessoas a menos na rua por causa do meu trabalho." Matheus contou que manteve a calma diante da agressão. "Na hora em que ele me chamou de preto, favelado, eu falei: 'Olha, você acabou de cometer um crime, vou chamar a polícia'. Fomos os dois pra delegacia, ele no carro dele, eu na minha moto. Voltou a me chamar de favelado na frente do delegado, e saiu pela mesma porta que tinha entrado." A Polícia Civil de São Paulo abriu um inquérito, a pedido do Ministério Público, para investigar a acusação de injúria racial. O caso ainda não foi julgado.

"As pessoas não vão mudar de cor, naturalmente, mas elas podem e têm que mudar de coração", disse-me Graça Machel durante nossa conversa. "Isso tem que começar do topo, dos estados, dos governos, dos municípios. E é preciso mais que o debate. Em vez de apontar dedos, temos que nos perguntar como influenciamos nossas leis, nossos planos, nossa economia, de maneira a fazer com que todos sejam contemplados. A sociedade precisa atravessar a ponte, por assim dizer, para que todos vejam que há humanos dos dois lados." Esse é o caminho para que um motoboy como Matheus Pires Barbosa nunca mais tenha que ouvir aquele tipo de agressão.

Para sair do debate e passar para a atitude concreta, como disse Graça, nós também precisamos mudar a política. Porque é por meio da política que gerimos o Estado e podemos modificá-lo. Por isso é tão importante formar e atrair para o debate público uma nova geração que pense diferente, que preze pela ética acima de tudo e que represente a diversidade do nosso país. Uma medida que talvez colabore para avançarmos nesse último ponto começou a valer nas eleições do ano passado: a obrigatoriedade de os partidos destinarem recursos do fundo eleitoral e tempo de TV de maneira proporcional ao total de candidatos negros.

Graça Machel defende a necessidade de reconfigurar o modo como acessamos o poder. "Temos que alterar as maneiras como as pessoas chegam às posições mais altas na esfera pública", disse, criticando o engessamento que acaba legando os grandes cargos a quem já faz parte do jogo partidário. "Pessoas muito capacitadas não estão chegando lá em cima. As organizações sociais gritam contra os descalabros daqui de fora; é preciso que elas gritem lá de dentro."

É preciso entender que, sem envolvimento político, não vamos transformar a maneira como o orçamento dos governos é estruturado — e o orçamento precisa responder aos direitos e às necessidades daqueles que têm sido marginalizados. "Vamos nos educar racialmente, vamos dar nome ao racismo e criar políticas afirmativas intencionais para a população negra crescer em uma estrutura que não foi feita por ela, mas pode ser adaptada a ela", concluiu Graça.

Em 2019, conheci seu Pelé, uma figura querida em Lagoa da Prata, cidade de 53 mil habitantes encravada no interior de Minas Gerais. Sua história chegou a mim por meio de uma carta assinada por quase 10% dos moradores (sim, pelo tanto de assinaturas essa carta virou uma apostila gigante, com centenas de páginas).

Os moradores de Lagoa da Prata, em 1995, já haviam se cotizado para ajudar seu Pelé, que é pipoqueiro, a construir sua casa. Dona Maria do Sinhô doou o terreno. Seu Serginho ajudou a comprar o material de construção. Seu Carmelo, pedreiro, tocou a obra de graça. A casa era simples, sem reboco nas paredes. Com o tempo, o teto foi ficando coalhado de infiltrações. Por isso, passados 25 anos, esses mesmos moradores da cidade pediram para que o *Caldeirão* melhorasse a casa. Nosso primeiro encontro ocorreu em Santo Antônio do Monte, município vizinho a Lagoa da Prata. Seu Pelé estava lá, naquele domingo, para vender pipocas na Festa do Reinado, uma celebração popular derivada do congado, que teve origem entre os negros africanos trazidos à força ao Brasil durante o período da escravidão. Como aos escravizados era proibido o culto aos próprios deuses, parte acabou por louvar Nossa Senhora do Rosário, a santa dos mais humildes. Essa interseção entre entidades do Congo — daí o nome congado — e uma padroeira cristã acabou gerando uma festa linda e sincrética, embalada por pequenos grupos que saem às ruas, repletos de adereços, para duelos musicais cheios de rimas. A praça principal do município estava lotada. E no meio do povo, seu Pelé com o carrinho de pipoca.

Seu nome é Antônio Jesus Costa, e ele veio, não é difícil de imaginar, de uma família muito simples. Seu bisavô era escravo, assim como seu avô, que obteve a alforria, mas não a liberdade real, a independência. Os pais de seu Pelé já não eram "escravos", mas moravam dentro de uma fazenda, em condições análogas à escravidão. Em vinte anos de televisão, entrevistando centenas, talvez milhares de brasileiros, esse foi o primeiro relato que ouvi de alguém que sofrera de forma tão clara as consequências da escravidão.

Seu Pelé trabalha desde os catorze anos. Foi cortador de cana, cozinheiro, vendedor de laranja, de bala e de churrasquinho. Há quarenta anos, é pipoqueiro — ou melhor, "o pipoqueiro" da cidade. Ele e a família me receberam em sua casa com sorrisos e uma gentileza enormes. Seu Pelé me contou que era casado com a prima Maria Lúcia, com quem havia tido três filhos, que por sua vez lhe deram cinco netos e um bisneto.

Todos os onze membros viviam naquela mesma casa sem sistema de esgoto, sem portas, sem piso e sem reboco nas paredes. Seu Pelé não tinha dinheiro para consertar o fogão que mal funcionava nem para pagar o tratamento dentário da esposa. Tocava a vida com sua aposentadoria, os trocados da pipoca e mais 169 reais mensais que uma de suas filhas recebia do programa Bolsa Família.

Não fazia nem meia hora que eu estava na casa de seu Pelé e uma multidão já havia cercado o lugar. Eram centenas de pessoas, grande parte delas signatária da carta que havia chegado ao *Caldeirão*. Estava claro, por aquela manifestação de carinho, o quanto ele era amado na cidade. E, mesmo sendo tão querido, mesmo trabalhando há mais de sessenta anos, ele e a família viviam em uma casa sem porta, sem batente, em situação de extrema pobreza.

No Brasil, há algumas poucas pessoas, geralmente brancas, que herdam fortunas. E há uma enormidade de pessoas, geralmente negras, que herdam injustiças. É preciso dar fim a essa dinâmica perversa.

11. Da porta para fora: Ética

Conheci Helena Maria de Souza, a Hellena Mary, em 2016. Mãe de três filhos, ela morava na área rural de Orobó, cidade próxima a Bom Jardim, Pernambuco. Trabalhava como cozinheira doméstica quando resolveu gravar um vídeo, em formato de selfie, questionando o "jeitinho brasileiro".

"O problema está em todos nós como povo, porque a gente pertence a um país onde a esperteza é a moeda que é sempre valorizada", dizia Hellena Mary no vídeo. "Um país onde a gente se sente o máximo porque consegue puxar a TV a cabo do vizinho. Onde a gente frauda a declaração do Imposto de Renda para poder pagar menos. Onde há pouco interesse pela ecologia, onde as pessoas atiram lixo na rua e depois reclamam do governo porque não limpa os esgotos. O camarada bebe e depois vai dirigir. Pega um atestado sem estar doente só para poder faltar o trabalho. Viaja a serviço de uma empresa e o que faz? Se o almoço foi dez reais, ele pega a nota fiscal de vinte. Entra no ônibus e senta, e, se tem um idoso vindo, finge que está dormindo. E quer que o político seja honesto? O brasileiro está reclamando de quê? Como matéria-prima deste país, temos muita coisa boa. Mas falta muito para sermos o homem e a mulher de que nosso país precisa. Antes de culpar alguém, a gente tem que fazer uma autorreflexão."

Vi o vídeo pela primeira vez no Facebook, na página "Quebrando o Tabu", que tem meu irmão Fernando como um dos sócios. Mas nem ele nem ninguém da página tinha o contato de Hellena Mary; eles haviam apenas amplificado o alcance de um vídeo que já começara a viralizar. A única pista que encontramos foi o logo de uma lavanderia na roupa dela. Pedi à produção do *Caldeirão* que encontrasse o telefone da empresa, no interior de Pernambuco. Foi assim que cheguei a Hellena Mary, e foi assim que a convidei para participar do programa.

A milhares de quilômetros dali, em Massachusetts, o filósofo americano Michael Sandel ministrava um curso sobre ética chamado "Justiça", que vem a ser uma das aulas mais concorridas da concorrida Universidade Harvard. Sandel já falou para mais de 10 mil pessoas em estádios no Japão e foi eleito pela revista *China Newsweek* a personalidade estrangeira mais influente de 2011. Seu livro *Justiça: o que é fazer a coisa certa* virou best-seller traduzido em dezenas de línguas. Naquele mesmo ano de 2016, o professor Sandel tinha uma viagem marcada ao Brasil. Sabendo disso, convidei-o para participar do *Caldeirão*.

Durante o programa, debatemos temas que podem soar triviais para muitos brasileiros, como a compra de produtos piratas ou o uso das redes sociais para driblar a fiscalização da Lei Seca. Tentamos entender se essas atitudes, até certo ponto comuns por aqui, poderiam ser a semente de algo maior, representado pela corrupção endêmica na política, como sugeria, Hellena Mary em seu vídeo.

O encontro dos dois foi antológico. Quando o assunto pirataria entrou na conversa, por exemplo, ela admitiu, sem nenhum constrangimento, já ter comprado produtos falsificados. "Em vez de gastar 150 reais, eu gasto cinco e faço feira para os meus três filhos", comentou, com um pragmatismo e uma honestidade difíceis de serem refutados. Além de Sandel e Hellena Mary, o programa ainda contou com pessoas de várias partes do Brasil, que participaram pessoalmente ou pela internet, por meio de um telão. Havia desde o músico Tony Bellotto, da banda Titãs, à produtora rural Keila dos Santos, que produz geleia em Minas Gerais, passando pelo agente Mauro César, da Polícia Militar do Rio de Janeiro. Falamos sobre a Lei Seca — e sobre os vários "jeitinhos" inventados pelo brasileiro para driblá-la — e sobre inflação seletiva — quando o preço de um produto essencial, como a água mineral, aumenta em função de um problema com o fornecimento da água potável. Isso é algo ético? A audiência foi um sucesso, uma das três melhores do *Caldeirão* em 2016, fortalecendo a nossa intenção de proporcionar debates mais aprofundados, como o da ética, para um público de dezenas de milhões de pessoas.

Quase quatro anos depois, enquanto cumpria meu isolamento durante a pandemia, me dei conta de que a crise que estamos enfrentando trouxe à tona alguns dos dilemas éticos discutidos por Sandel tanto em seu livro *Justiça* como no curso de Harvard. Em um exemplo hipotético a respeito da programação dos carros autônomos, o filósofo fala sobre a necessidade de definir a reação do veículo a uma situação em que restem apenas duas opções: em uma o carro atropela um grupo de crianças; na outra ele desvia, correndo o risco de matar o passageiro. É ético programar um computador dessa forma?

Esse dilema lembra, de certo modo, a situação que pudemos ver em países cujo sistema de saúde entrou em colapso. Na Itália e na Espanha, por exemplo, com os hospitais abarrotados, no auge da onda inicial da pandemia, profissionais de saúde tiveram de tomar decisões a respeito de quem viveria e quem morreria. Acabaram optando por usar a idade e as chances de recuperação como critério.

É justo decidir uma questão tão sensível com base na idade? Qual seria o critério mais ético a orientar tal escolha? Dilemas como esses passaram a povoar a minha cabeça. Era hora de voltar ao filósofo.

Michael Sandel também enxerga a emergência da pandemia como um evento que trouxe para o dia a dia problemas que antes habitavam a mente dos pensadores. Mais um exemplo concreto, primeiro enfrentado por hospitais na Espanha e na Itália, e mais tarde no Brasil — mais especificamente em Manaus: a falta de cilindros de oxigênio e de ventiladores pulmonares, cruciais nos casos mais graves da covid-19. Médicos e hospitais tiveram que se fazer as seguintes perguntas:

dou prioridade à primeira pessoa que chegar ou àquela com maior probabilidade de sobreviver? Levo em conta a idade? Alguém mais jovem e com mais anos por viver deve passar na frente na fila? Um governo existe, em parte, para prover insumos, para dar estrutura, para que perguntas como essas jamais precisem ser feitas por quem está na linha de frente, trabalhando para salvar vidas.

Outro exemplo dado por Sandel refere-se à retomada das atividades econômicas, isto é, quando, e em que circunstâncias, devemos enviar as pessoas de volta ao trabalho para que a economia possa reaquecer. Se estamos dispostos a sacrificar um certo número de vidas para o bem geral da economia, isso significa que estamos colocando um valor monetário na vida? (Esse tema, diga-se de passagem, foi o mote da falsa dicotomia entre economia e saúde apregoada pelo governo Bolsonaro — tão falsa que o descontrole sanitário acabou tendo um efeito mais nefasto na economia do que as próprias medidas restritivas, como o lockdown.)

No Brasil, o racismo estrutural — aquele que está entranhado em todos os aspectos do nosso cotidiano, como me ensinou Luana Génot — também deu as caras na pandemia. As vidas mais expostas ao sacrifício foram as de pessoas pretas e pobres, que não tiveram o luxo de ficar em casa, trabalhando remotamente. Em maio de 2020, a PUC-Rio publicou uma pesquisa analisando 30 mil casos de pessoas que foram internadas em estado grave, com covid-19, em hospitais da rede pública no Brasil. Os pesquisadores concluíram que uma pessoa negra em estado grave tinha 55% de chance de morrer, ao passo que uma pessoa branca na mesma condição tinha uma possibilidade menor, de 38%. O trabalho comparou também a escolaridade dos infectados: pessoas sem escolaridade, internadas em estado grave, tinham 71% de chance de morrer. Se o estado de saúde fosse igualmente grave, mas o paciente tivesse curso superior, a chance de morte caía para 22,5%.

Parece absurdo, não? O que o estudo está dizendo? Que a instrução intelectual é um antídoto contra a covid-19? De maneira alguma. A taxa de morte pela covid-19 é o retrato cru da tragédia que é a desigualdade e a herança escravocrata no Brasil.

A pandemia deixou claro que as pessoas de quem dependemos não são os banqueiros de Wall Street. Eles podem até ditar os rumos da macroeconomia no mundo, mas não são quem realmente faz a roda girar, para que o mundo caminhe em relativa paz. As pessoas de quem dependemos são prestadores de cuidados de saúde, médicos e enfermeiros, mas também entregadores, caminhoneiros, policiais e bombeiros, trabalhadores do campo, profissionais que mantêm os supermercados abertos, que fornecem nossa comida, que cuidam da limpeza, do gás e da luz das nossas cidades. É fundamental que esta crise nos leve a fazer uma reavaliação de quem realmente contribui para o nosso bem-estar. É preciso fazer com que essas pessoas possam ter proteção econômica e social, aumento de renda, de oportunidades, que se sintam valorizadas.

A esperança de Sandel é que, ao nos darmos conta disso, possamos começar a reconstruir a sociedade, de forma a garantir que tais profissionais sejam recompensados de acordo com a importância que têm. O mote "Estamos todos juntos", entoado por políticos mundo afora, durante a pandemia, soa bonito, mas também vazio, quando pensamos no contexto de profunda desigualdade. Não estamos todos nos sacrificando na mesma medida. Alguns de nós podem trabalhar em casa. Outros pegam ônibus, metrô, trabalham em locais pequenos e fechados, ou em hospitais, sem chance de abrir mão do cotidiano de exposição ao vírus. Devemos usar esta ocasião, portanto, para reconstruir um senso de genuína solidariedade.

Como diz o empresário — e sobretudo filantropo — americano Bill Gates, o momento de doar é sempre hoje: os filantropos serão lembrados pelo que estão fazendo agora, e não pela possibilidade de fazer algo amanhã. Espero que a pandemia sirva ao menos para manter viva essa cultura de doação no país. Se conseguirmos atravessar esse período como um país mais fraterno e solidário, ao menos teremos saído com um ganho em termos de sociedade.

Uma iniciativa inspiradora, que acompanhei de perto, foi a União Rio, que recebeu 56 milhões de reais para atuar em duas frentes: saúde e comunidades. Na área da saúde, as principais ações foram a doação de mais de 1 milhão de equipamentos de proteção individual, além da reforma de leitos e a construção de hospitais de campanha que disponibilizaram 370 vagas para vítimas de covid-19. No braço relacionado às comunidades, a União Rio atendeu 254 mil famílias — ou mais de 1 milhão de pessoas. Até o final de julho de 2020, a ONG distribuiu 3,3 mil toneladas de alimentos. A iniciativa foi tão bem-sucedida que acabou sendo replicada em outros doze estados de todas as regiões do país.

No meu caso específico, além de doações pessoais, busquei fazer a ponte entre quem queria doar e quem precisava de algum tipo de ajuda. Nas primeiras semanas, provoquei grandes empresas, como Ambev e Boticário, a contribuírem. Na ponta oposta, contei com a colaboração de pessoas como Douglas Pinheiro de Oliveira, aquele morador de uma comunidade no Complexo da Coruja, na cidade fluminense de São Gonçalo, que criou um projeto social chamado Primeira Chance. Ao estabelecer a ponte entre ele e as companhias interessadas em fazer doações, conseguimos ajudar milhares de pessoas em sua comunidade.

Sandel defende que a sociedade civil possui um papel crucial na costura de um tecido de solidariedade, porque não são apenas as políticas de um governo que nos mantêm unidos, mas também as organizações, as escolas, as associações de bairro, os grupos criados por interesses comuns. E complementa: as organizações comunitárias têm um papel ainda mais fundamental em áreas como saúde e educação, em que não raro o poder público deixa a desejar. Vejo a sociedade civil como uma potente incubadora de futuras políticas de proteção social. O terceiro setor tem o poder de desenvolver tecnologias sociais em pequena escala, que, quando se mostram eficientes, podem servir de semente para programas de políticas públicas em escala exponencial.

A mídia também tem um papel central na tentativa de promover um diálogo civil mais substantivo e respeitoso,

206

base da democracia, como explicou Sandel. Mas se a mídia presta atenção exagerada às provocações sensacionalistas e aos ultrajes, o debate público se transforma em um jogo de gritos onde ninguém ouve a opinião do outro. Por isso, a mídia tem hoje um papel para além de informar: ela precisa atuar, com parcimônia, para manter a dignidade — e, portanto, a qualidade — daquilo que é discutido em público.

Para Sandel, esses desafios servem também como uma oportunidade de debater, a fundo, maneiras de implementar reformas em áreas como renda, violência, educação e saúde. Democracia não é apenas votar a cada eleição. Democracia é um esforço, de toda a sociedade civil, para deliberar a respeito de projetos que perpassem todas as classes, raças e etnias, de forma a chegarmos em projetos que visem o bem comum. E é nisso que não somos muito bons hoje em dia.

Em 2020, Sandel publicou um livro chamado *A tirania do mérito: O que aconteceu com o bem comum?*. Nele, argumenta que, para superarmos as crises que estão agitando o mundo, é preciso que paremos e repensemos os critérios de sucesso da globalização. Meritocracia, por exemplo, é um conceito que precisa ser relativizado. O self-made man do passado hoje precisa entender que não foi apenas o seu esforço e a sua inteligência que o levaram a um posto vitorioso. Que a ideia torta e antiquada de meritocracia impõe um julgamento severo — e principalmente injusto — sobre pessoas que não tiveram as mesmas oportunidades. Sandel oferece, em resumo, uma maneira alternativa de pensar o sucesso — uma maneira mais solidária, humilde, mais atenta ao papel da sorte no destino.

Vale explicar sua tese com um exemplo de frase, algo como: "Eu sou bem-sucedido, conquistei meu sucesso por esforço próprio, não tenho obrigação para com os menos afortunados" (ou o famoso "Porque eu ME-RE-CI"). Na versão mais humanizada de Sandel, a frase passa a ser: "Trabalhei duro e também tive muita sorte. Tive uma família que me apoiou, professores que me ensinaram, condições sociais e de segurança que me proporcionaram crescer. Portanto, devo trabalhar para que os outros possam ter a mesma sorte que eu tive".

Falar de meritocracia no Brasil é difícil, já que aqui os pontos de partida são muito desiguais. Como já mencionei, vivemos uma espécie de loteria do CEP, em que o lugar em que a pessoa nasceu praticamente determina onde vai viver e morrer (e que empregos vai ter). A mobilidade social é praticamente inexistente. Um estudo publicado em 2018 pela OCDE mostra que um brasileiro que nasça entre os 10% mais pobres do país levará nove gerações — isso mesmo: nove gerações! — para que sua família atinja um status de classe média (o país é o segundo pior do mundo, empatado com a África do Sul entre os avaliados, atrás apenas da Colômbia). Trata-se de um quadro trágico, perverso, que aniquila qualquer suspiro de esperança.

Sandel me pediu para imaginar uma escada em que os degraus indicam onde você está na ordem econômica e social. Existem exceções, mas, no geral, uma pessoa que nasceu nos degraus mais baixos enfrenta uma quase impossibilidade de alcançar o patamar mais alto, porque lhe falta segurança, estabilidade financeira e a chance de uma boa formação escolar.

Esse é o primeiro dos problemas com a escada. O segundo problema é mais sutil, e nem por isso menos grave: existe uma distância desproporcional entre cada um dos degraus. O crescimento da desigualdade, nas últimas décadas, fez com que os intervalos entre eles ficassem cada vez mais espaçados. A força necessária para subir aumentou. A escada esticou. Será que, no mundo pós-pandemia, conseguiremos prover uma vida mais digna para todos? No Brasil, essa pandemia chegou num momento em que estamos profundamente divididos. Depois de duas décadas de crescimento econômico e de ampliação da justiça social, o país andou para trás; a desigualdade voltou a crescer, assim como as divisões partidárias, a frustração e a raiva. Se depois de tudo o que estamos passando simplesmente voltarmos a esse clima de ressentimento, polarização e individualismo exacerbado, então não teremos aprendido nada.

As vozes mais responsáveis — e aí eu me refiro a todas que não flertam com o extremismo — precisam ter um projeto que diminua essa desigualdade, para que possamos de fato dizer "Estamos todos juntos". A chamada terceira via não pode surgir de uma decisão de gabinete, como um capricho da elite pensante brasileira. Ou cria-se um projeto de país que conecte as pessoas, que fale com as ruas, que resgate a esperança, ou continuaremos reféns da polarização ou do extremismo. Reféns de projetos populistas que olham o país pelo retrovisor, que se vangloriam dos feitos do passado, mas não iluminam o futuro. Projetos que não respondem positivamente às demandas e necessidades do século XXI.

Carrego a esperança de que estejamos caminhando em direção a uma sociedade que, em vez de atacar, perguntará quais são nossos deveres para com os outros como cidadãos. Uma sociedade na qual pensaremos em formas de promover uma política do bem-estar comum, na qual traçaremos estratégias que nos tornem coletivamente mais fortes.

Dona Eliete nasceu na favela do Bode, no bairro do Pina, em Recife. Mas foi bem longe dali, na favela K11 do município fluminense de Nova Iguaçu, que criou seus 22 filhos — quatro biológicos e dezoito de criação. Todos com o nome da mãe e sua profissão, empregada doméstica, na certidão de nascimento.

Hamilton, seu terceiro filho biológico e 17º na contagem geral, teve o nome inspirado no avô, que trabalhava como chaveiro na Zona Sul da cidade do Rio de Janeiro. Hamilton cogitou seguir seus passos, mas antes resolveu tentar o próprio caminho. Aos 23 anos, depois de muitos bicos na comunidade, procurou um trabalho formal que lhe desse o suficiente para ajudar a família. Primeiro mergulhou nos cadernos de empregos dos jornais, sem muito sucesso. Foi na internet que tropeçou em uma oferta que parecia atraente: "gerente de *whatever*". Não fazia ideia do que era, mas gostou do nome, pomposo. "Gerente de *whatever*", "gerente de qualquer coisa", era um jeito engraçado que o empregador encontrara para descrever a função de "faz-tudo".

O filho de dona Eliete vestiu então seu único terno — na verdade um terno coletivo, compartilhado com os irmãos, comprado anos antes pela mãe, com muito custo. Foi para a entrevista de emprego com a manga do terno no antebraço e a bainha na canela. Sucesso. Emprego conquistado e com carteira assinada.

O emprego era em um coworking, um desses espaços moderninhos onde diferentes empresas em começo de jornada compartilham uma estrutura comum. No primeiro dia de trabalho, Hamilton recebeu uma orientação: que aposentasse o terno e se vestisse como quisesse, com sandália, bermuda, camiseta, não importava.

Dona Eliete estava feliz com a conquista do filho, só não entendia como um trabalho sério poderia ter um código de vestimenta tão desleixado. Hamilton tinha adorado a liberdade de figurino — e também a possibilidade de almoçar diariamente por conta da firma no colorido refeitório local.

Primeiro dia, primeiro almoço: lasanha de berinjela. Segundo dia: hambúrguer de quinoa. Terceiro dia: picadinho de chuchu. Oi? Como assim? Cadê o bife? Cadê o feijão? Apesar do estranhamento inicial com a comida do trabalho, ele deu uma chance para a novidade e aprendeu a apreciá-la. Percebeu que a comida na favela em que vivia se resumia a hambúrguer, batata frita e cachorro-quente apenas porque ninguém havia oferecido uma opção mais saudável. Farejou uma oportunidade.

Pesquisando preços, Hamilton logo descobriu um primeiro problema: o alimento orgânico chegava à favela duas vezes mais caro do que nas zonas mais ricas da cidade, onde a demanda e a concorrência eram maiores, tornando a matéria-prima mais barata nas áreas de maior poder aquisitivo.

Resolveu a questão comprando diretamente dos fornecedores — e não dos revendedores —, reduzindo o preço de maneira drástica. Com insumos de qualidade em mãos, foi atrás da resposta para o segundo problema: a falta de uma cozinha industrial em sua comunidade. Solução? Contratar diversas cozinheiras para trabalharem em suas próprias casas, criando uma linha de produção descentralizada. Nascia assim a Saladorama, empresa que hoje leva comida saudável e orgânica a 27 favelas do Brasil. Presente em três estados, emprega mais de cinquenta cozinheiras dentro das comunidades.

Certo dia, Hamilton estava visitando uma das cozinheiras associadas quando ouviu uma gritaria na rua. Um rapaz que não tinha nem vinte anos acabara de apanhar de quatro homens mais fortes e armados. Hamilton dirigiu-se ao jovem para perguntar o que ele fazia da vida — era avião do tráfico de drogas, o famoso "faz-tudo" do mundo do crime. Lembrou-se então de quando era o "faz-tudo" no coworking, tendo chance de aprender muita coisa. E aquele menino ali? Qual seria o seu futuro, suas perspectivas? Poucas, se seguisse aquele caminho.

Hamilton perguntou ao garoto quanto ele tirava por mês junto ao crime. Mil e duzentos reais, respondeu. "Quero lhe dar uma oportunidade", disse ao jovem, convidando-o para trabalhar no Saladorama, entregando comida para a comunidade. "Pago a mesma quantia, mas por um trabalho honesto." Para sua surpresa, a resposta foi negativa: "Aí você quebra a firma, tio. Entregador de comida não dá, vou ficar sem moral".

Encafifado com a negativa, Hamilton se lembrou do anúncio que havia chamado sua atenção anos antes, que o havia feito colocar seu único terno para tentar — e conseguir— a vaga de "gerente de *whatever*", que no fundo era o bom e velho office boy. Valendo-se da mesma técnica, fez então uma nova proposta. "Aí, moleque, tem mais uma vaga na empresa, gerente de logística, topa?" O garoto não pensou duas vezes, e logo estava pilotando as entregas naquela comunidade.

Esse foi apenas o primeiro de muitos jovens que Hamilton, por meio do empreendedorismo, conseguiu resgatar e trazer de volta para um caminho construtivo, dentro da lei. Menciono essa história porque ela fala de solidariedade, oportunidade e mobilidade social — e isso num ambiente extremamente difícil, de pouco auxílio do Estado. Hamilton driblou o ciclo vicioso que impede a maior parte dos brasileiros de subir degraus na escada da desigualdade: ele teve sua chance, a agarrou com unhas e dentes, e depois soube multiplicá-la para incluir outras pessoas. Gosto de imaginar quantos outros Hamiltons o Brasil teria num cenário em que todos tivessem um pouco mais de oportunidade. Gosto de imaginar que esse país é possível.

Uma dedicatória da porta para dentro: O amor

Não sou exatamente uma carinha bonita na televisão. Não canto, não danço bem, não faço rimas, não tenho um repertório de piadas. No piano, mal arranho a única música que aprendi, aos doze anos. Trabalho com o show business, mas não sou um *showman*.

Que tal protagonizar um filme como ator? O convite, feito em 2002, parecia piada, mas aceitei.

Diler Trindade foi um "*hit maker*" do cinema brasileiro nos anos 1990. Emplacou sucessos de bilheteria em inúmeras produções com os Trapalhões e a Xuxa. Na década seguinte, meu programa na TV Globo estava ganhando corpo, crescendo junto ao público jovem. Por isso, Diler me procurou com a ideia de produzir um longa-metragem.

Não me cabe aqui analisar a qualidade da minha "incrível" atuação. Cabe, isso sim, e muito, agradecer publicamente ao Diler pela iluminação que teve ao escalar o elenco. Mais especificamente, pela escalação de quem seria meu par romântico na história: Angélica.

Eu tinha me encontrado com Angélica poucas vezes — e sempre havia sido algo diferente, estranho, até incômodo. Sabe aquelas cenas da vida das quais você se lembra de todos os detalhes? Meus encontros com Angélica foram assim. A primeira vez que a vi pessoalmente foi em meados dos anos 1990: um encontro meio sem querer, nos bastidores de uma sessão de fotos para a revista *Claudia*. Como a edição — e a reportagem — era para o Dia dos Namorados, casais "famosos" se alternavam em um entra e sai no estúdio. Na época, tanto ela quanto eu namorávamos outras pessoas. A conversa não foi além das formalidades, mas confesso que fiquei encantado com a beleza e a simpatia que ela espalhava por todos os cantos. Fim do primeiro ato.

Nosso segundo encontro foi na minha chegada à Globo, no ano 2000. Primeiro a vi na festa de lançamento do *Caldeirão do Huck*, no morro da Urca: ela subiu o bondinho do Pão de Açúcar com o namorado, entrou no salão, parou a festa, fez as fotos, sorriu e partiu.

Poucas semanas depois, quando começamos a rascunhar as ideias de conteúdo para os primeiros programas, lá veio ela de novo. Alguém do nosso time de criação — não lembro exatamente quem, mas, seja quem for e onde estiver, muito obrigado! — sugeriu Angélica cantando, em uma parceria quase absurda, com os Raimundos. Óbvio que aceitei a sugestão com um sorriso largo e cheio de esperança. E, no dia 15 de abril de 2000, às 14h30, lá estava ela, numa performance absolutamente improvável. Angélica flutuava pelo palco: linda, leve, talentosa, sorridente e, como cantou Leonardo em uma de suas estrofes mais populares, com uma "calça Saint-Tropez/ Que deixa o umbiguinho de fora". Um momento em que a arte, o carisma e a beleza deram as mãos e botaram todos, a começar por mim, de joelhos.

E assim como na festa do morro da Urca, da mesma forma que chegou, Angélica saiu: executou brilhantemente o que precisava ser feito e se foi, como toda grande estrela costuma fazer. Não tive tempo nem de agradecer com toda a pompa e circunstância que aquela performance merecia.

O quarto encontro foi no arquipélago de Fernando de Noronha.

Fernando de Noronha entrou na minha vida em 1998, quando eu apresentava o programa *H*, na TV Bandeirantes. Cerca de dez anos antes, boa parte do arquipélago havia sido transformada em Parque Nacional, estabelecendo-se assim um controle sobre a quantidade de embarcações, as empresas de mergulho e as trilhas e atividades na área. O resultado era uma exuberância da natureza marinha e dos projetos de conservação da flora e da fauna. Bem antes disso, em carta escrita em 1503, o navegador florentino Américo Vespúcio, que deu nome ao continente americano, escreveu sobre Noronha: "O paraíso é aqui". Continua sendo.

Com a transformação de Noronha em Parque Nacional, veio também a implementação de um grande sistema de saneamento básico, a recuperação do patrimônio público e a qualificação da comunidade local, através de cursos de turismo sustentável. Eu queria muito conhecer e documentar tudo isso in loco. E lá fomos nós, eu e a pequena equipe de produção do *H*. Uma vez no arquipélago, fomos recebidos por José Gaudêncio, o Zé Maravilha, naquela época o diretor do Parque Nacional Marinho de Fernando de Noronha. Figura querida por todos, Zé Maravilha é peça fundamental do mosaico que conseguiu transformar o arquipélago em Patrimônio Natural da Humanidade, segundo a Unesco.

Ficamos hospedados na casa dele: uma casa simples, construída com tábuas de compensado pintadas com desenhos que remetiam à natureza local. Havia cinco redes na varanda, uma para cada convidado. Foi ali que dormi as três primeiras noites da longeva relação que criei com nosso anfitrião — meu querido amigo até hoje — e com Fernando de Noronha.

Assim como João plantou o pé de feijão que o levou ao céu, foi ali, em Fernando de Noronha, anos depois da minha primeira visita, que plantei a semente mais importante da minha vida. Mas o cultivo não foi simples.

Poucos meses depois da estreia na Globo, alguém apareceu com uma ideia que novamente me encheu os olhos. Descobrimos que Angélica, do alto dos seus 27 anos, não sabia dirigir. Ora, por que não lhe ensinar? Parecia divertida a ideia de documentar uma celebridade daquele quilate aprendendo algo tão corriqueiro. E, para temperar ainda mais o roteiro, que tal emoldurar nossa autoescola com um cenário paradisíaco? Convite feito, convite aceito. E lá fomos nós: eu e minha equipe de filmagem, Angélica e sua equipe (leia-se: Márcia, hoje minha querida cunhada), para um curso rápido de autoescola em Fernando de Noronha.

Angélica e eu nos sentamos frente a frente no voo de ida, e confesso que já fiquei fascinado. Tudo nela era intenso: a cor dos olhos, a pele, o sorriso fácil, a voz rouca, a simpatia contagiante, o bom humor. Aquela Angélica da televisão, do "Vou de táxi", das capas de revistas, não estava mais lá. Na intimidade, ela era ainda melhor: uma moça normal, gente fina, divertida e muito inteligente.

Assistindo hoje à matéria que gravamos, vejo que eu não conseguia disfarçar o encanto: parecia uma criança solta na loja de doces. O encontro só não foi perfeito por um "pequeno" detalhe: Angélica tinha namorado. A viagem acabou, a vida seguiu, cada um para o seu lado. Fim do segundo ato.

Anos depois, corte seco e voltamos ao começo deste capítulo, ao convite de Diler para eu protagonizar um longa-metragem, em 2002. E o motivo para aceitar estava ali no set, do meu lado, vestindo macacão jeans e camiseta branca. Nunca vou me esquecer da primeira leitura do roteiro: Angélica descalça, sentada com as pernas cruzadas num sofá de lona crua, com os cabelos soltos e aqueles olhos verdes brilhantes. O filme se chamava *Um show de verão*. Ali começou o terceiro e mais importante dos atos.

Não tínhamos passado nem da primeira página do texto e eu já estava completamente apaixonado. A situação tinha piorado, todos os meus sentimentos despertados em Fernando de Noronha e adormecidos por anos estavam mais acordados do que nunca. O problema é que desta vez havia não um, mas dois pequenos detalhes: ela estava namorando — e eu também.

Mas quando o amor da sua vida cruza o seu caminho pela segunda vez, é melhor não deixar passar. Dito e feito. Os bastidores das filmagens foram dignos da expressão "história de cinema". Nós dois, os protagonistas, terminamos os relacionamentos em que estávamos e mergulhamos no nosso conto de amor.

Dezoito anos depois, seguimos juntos construindo memórias e escrevendo com muita dedicação cada capítulo dessa história. O casamento é a arte de conviver bem, de somar à vida do outro, de acertar e errar, aprender e corrigir. De confiar e merecer.

Olhando para trás, 2020 foi um ano em que todos tivemos de enfrentar limitações de deslocamento e de convívio, tanto social quanto profissional — um contexto que nos colocou, inevitavelmente, mais próximo das nossas famílias. Esse foi o ano em que eu e Angélica estivemos mais juntos. Um privilégio.

Gosto de pensar que não foram poucas as vezes, neste último ano, que nos pegamos dançando sozinhos na varanda do quarto, lendo juntos, debatendo os livros lidos, assistindo a alguma série, nos mobilizando para ajudar, discutindo a educação dos nossos filhos, os sonhos comuns, o nosso futuro.

Em minha vida, nunca fui de trilhar o caminho mais simples, o mais óbvio, simplista até, naquele esquema de quem só opta pelo oito ou o oitenta. Sempre preferi escolher os caminhos variados, menos previsíveis, para conhecer ao máximo o que existe justamente entre o oito e o oitenta. Gosto muito de trabalhar, de construir, de enfrentar desafios. Não tenho do que reclamar. Mas sinto que já não me basta seguir o caminho mais asfaltado e sinalizado.

Como venho descrevendo ao longo destas páginas, tenho sido guiado pela curiosidade, pelas andanças no país, pelo contato com a dura realidade vivida pelo nosso povo e também pela certeza de que o legado da minha geração tem que ir além do acúmulo de riqueza. Quero seguir levando uma vida cada vez mais focada na floresta e não só na minha própria árvore. Venho questionando qual deve ser o meu papel na construção de um Brasil menos desigual, mais afetuoso e mais eficaz no enfrentamento dessa realidade. Neste ano completo cinquenta anos, uma data simbólica, que me motiva a intensificar ainda mais minha atuação cívica. Quero devolver com mais intensidade todo o carinho e confiança depositados em mim por milhões de pessoas nas últimas décadas.

E nesse campo também a Angélica tem sido uma fonte inesgotável de ponderação e bom senso, sem nunca deixar de lado a coragem e o apoio incansável, me ajudando a compreender o que me faz vibrar, a encontrar o caminho mais verdadeiro e coerente para a segunda metade da minha vida.

Enxergo enorme beleza no nosso relacionamento. Nossos movimentos nunca são indiferentes, estamos sempre prestando atenção um no outro, não no sentido de controlar, e sim no de dar apoio, cuidar, entender se o outro está bem. É algo que acontece de maneira quase involuntária, como um reflexo condicionado pelo amor.

Angélica tinha o roteiro perfeito para se tornar uma pessoa totalmente desligada da realidade. Começou a trabalhar aos cinco anos, fazendo desfiles e comerciais de televisão, e desde então nunca mais parou. Foram incontáveis programas de TV, paradas de sucesso, capas de revistas. Logo se tornou o esteio financeiro da família. Sua vida tinha vários ingredientes para alguém muito novo pirar, ou, numa hipótese mais otimista, não entender a realidade. Ela conseguiu gerenciar tudo isso com sabedoria e pé no chão: Angélica, desde pequena, soube fazer da fama nada mais que uma parte do seu trabalho e da sua vida, nunca deixando que a obsessão pela notoriedade se transformasse no motor de suas decisões.

Como já descrevi aqui mesmo, no começo deste capítulo, nos conhecemos sob os holofotes da TV, mas nossa vida a dois, nossa vida em família, nosso dia a dia, nossos prazeres e sonhos passam bem longe disso. Construímos um porto seguro — nosso amor, e nossa família — para onde sempre voltamos. É nesse lugar que compartilhamos nossos mundos, planos, angústias, incertezas. É o nosso bem mais precioso.

Não estou falando aqui daquela perfeição idealizada de comercial de margarina. É vida real — e, como toda realidade, cheia de atritos, dúvidas, tropeços e inseguranças, o que dá mais solidez à nossa construção.

Angélica é assim. Estamos juntos há quase duas décadas, período em que todas as dores pessoais, conjugais, familiares e profissionais foram transformadas por ela em potência. Sua forma de encarar a vida me ensina muito, com doses generosas de maturidade, sabedoria, sensibilidade e humor — e é fundamental haver humor no amor. Não são raros aqueles deliciosos acessos de riso, gargalhadas incontroláveis. É ela quem determina o ritmo da nossa família, que nos faz respirar quando o ar parece faltar.

Durante a escrita deste livro, revisitei os dois momentos mais difíceis e dolorosos da minha vida: a queda do avião com a minha família no Pantanal e o acidente do Beni. Volto aqui especificamente ao acidente aéreo, porque ele fala muito sobre a força da Angélica.

A energia que é liberada em um acidente de avião é algo difícil de explicar. É energia de todos os tipos — da adrenalina que dispara no sangue à energia física de um tubo de aço que se espatifa em alta velocidade contra o chão. O resultado imediato da queda foi até brando, e fácil de ser digerido: eu saí dela com uma vértebra quebrada, e o Joaquim com um olho roxo. Só. Mas o resultado posterior, do trauma, é denso e difícil de ser elaborado.

Nos seis meses seguintes ao acidente, Angélica e eu ficamos vidrados nos nossos três filhos, para saber como eles reagiriam. Falamos a eles: "Tudo o que vocês viram, nós vimos, todo o barulho que ouviram, nós ouvimos, todo o medo que sentiram, nós sentimos, mas a gente não sabe o sentimento de vocês, então falem com a gente sempre que quiserem".

Cada um deles foi digerindo o trauma de maneira diferente. Joaquim conversou muito; Benício baixou todos os aplicativos e jogos de aviação, e derrubou cada avião; Eva desenhou muito avião caindo. Guardo esses desenhos até hoje.

Como mãe zelosa que é, Angélica se segurou por esse período todo, em nome das crianças. Então, quando percebeu que nossos filhos estavam bem, desabou. Um dia, estávamos

a passeio em Nova York, ela me ligou aflita do meio de rua.
Tinha ido ao mercado e, na volta, havia travado, próximo a
uma entrada do Central Park. Não conseguia dar mais nenhum
passo. Acho que ela sentiu, ali, o peso de tudo que havia re-
presado naqueles seis meses anteriores.

Angélica passou então a tomar algumas gotas de um an-
siolítico, para evitar o pânico. Semanas depois, mais calma,
deixou de tomá-lo: concluiu que o resgate da paz não viria do
remédio, embora ainda andasse com um frasco na bolsa, por
precaução. Dali em diante, sentiu a necessidade de respirar.
Mergulhou de cabeça na meditação transcendental.

Angélica medita duas vezes ao dia, sempre. Ensinou as
crianças e me arrastou para um curso intensivo, no qual aprendi uma noção básica, que já me fez enxergar a vida com outros
olhos. Hoje, sinto que enxergo o mundo de uma forma mais
ampla, mais nítida — mal comparando, como se eu pudesse
ver com a resolução de uma televisão 4K. Por quê? Porque
Angélica me ajudou a entender, num ano de tantas dúvidas,
de escolhas pessoais tão importantes, que as respostas não
viriam de fora, mas de dentro de mim.

Houve um momento durante a pandemia em que decidimos fazer um retiro em Minas Gerais, ela e eu, em uma
pequena casa nas franjas do Parque Estadual do Ibitipoca, um
dos mais bonitos do Brasil. Passamos quatro dias em silêncio,
contemplando a natureza, pensando.

Sou muito grato à Angélica não só pela parceria, pelo amor,
pela amizade. Sou grato porque ela me traz serenidade quando tudo parece confuso, me traz paz e inteligência para fazer

com que os sentimentos decantem e assentem. E assim, com essa lente mais lúcida, ganhamos clareza para tomar decisões e escolher nossos caminhos.

Resolvi dedicar este livro a uma pessoa e a uma história de amor, a nossa. Juntos, geramos três filhos maravilhosos: Joaquim, Benício e Eva — amor maior que tudo o que eu conhecia. Este livro é dedicado a todos eles porque sem amor não há solução — seja da porta para dentro ou da porta para fora.

Agradecimentos

Jorge Caldeira
Melchiades Filho
Paulo Lima
Matias Spektor
Vitor Sion
Fernando Tadeu Moraes
João Caminotto
Sandra Teixeira
Deborah Montenegro
Daniel Fernandes
Eduardo Siqueira
Deepak Malhotra

Ricardo Teperman
Matinas Suzuki Jr.
Luiz Schwarcz
Luciana Guimarães
Roberto Kaz
Juliana Cookie
Eduardo Melzer
Gilberto Sayão
Guilherme Melles
Pino Gomes
Gustavo Ioschpe

1ª EDIÇÃO [2021] 6 reimpressões

ESTA OBRA FOI COMPOSTA PELA ABREU'S SYSTEM EM INES LIGHT
E IMPRESSA EM OFSETE PELA LIS GRÁFICA SOBRE PAPEL PÓLEN BOLD
DA SUZANO S.A. PARA A EDITORA SCHWARCZ EM NOVEMBRO DE 2021

A marca FSC® é a garantia de que a madeira utilizada na fabricação do papel deste livro provém de florestas que foram gerenciadas de maneira ambientalmente correta, socialmente justa e economicamente viável, além de outras fontes de origem controlada.